UN CAMBIO DE Mentalidad ES LA CLAVE DEL *éxito*

DR. VICENTE QUINTANA

Copyright 2018
Vicente Quintana
Todos los derechos reservados

Para invitaciones o pedidos de libros: vicente_q@yahoo.com

Edición: Amneris Meléndez
a.melendezdiaz@gmail.com

Diseño de portada: Prophesy Desing

Quedan prohibidos, dentro de los límites establecidos en la ley y bajo los apercibimientos legalmente previstos, la reproducción total o parcial de este libro por cualquier medio o procedimiento, ya sea electrónico o mecánico, el tratamiento informático, el alquiler o cualquier otra forma de cesión de la obra sin la autorización previa y por escrito del autor.

ISBN-9781790398027

Dedicatoria

Dedico este libro a toda aquella persona que desee hacer de su vida una próspera, llena de éxitos, logros y triunfos. También dedico este libro a todo aquel que ha aportado sus conocimientos, experiencias y talentos para la contribución de la sociedad.

También, a mi amada esposa Iris Pérez, quien ha sido una parte esencial para mi desarrollo personal en mi vida educativa y espiritual.

A mi tío Benjamín Quintana, quien me proveyó los consejos de un padre durante mi adolescencia, encaminándome hacia la superación. En ocasiones, mientras trabajábamos juntos en el área de construcción, me inculcaba el siguiente mensaje: *"para quien no desea trabajos físicamente fuertes es recomendable seguir estudiando para que pueda lograr el progreso y la prosperidad personal".*

También incluyo a toda la familia que me ha servido de apoyo durante mi carrera profesional y educativa.

A los supervisores inmediatos durante el tiempo que estuve trabajando en la Policía de Puerto Rico, los cuales me permitieron un horario flexible para poder cumplir con mi educación.

A los profesores universitarios, quienes plantaron la semilla de la educación, especialmente en la etapa doctoral, siempre fueron de fortaleza, apoyo y aliento para poder cumplir con la meta final, doctorado en Management en Homeland Security (Administración de la Seguridad Nacional de Estados Unidos).

Al Pastor Orlando Vega de la iglesia Divino Redentor y sus miembros quienes, a través de sus oraciones, han provisto la enseñanza e inspiración motivacional para seguir progresando en mi vida espiritual.

A mi señora madre, Virginia Quintana, aunque no tuvo las herramientas o las destrezas para proveernos los recursos necesarios, mantuvo una posición de firmeza, valentía y fortaleza, a través de su ejemplo, para poder criar a sus cinco hijos. ¡*Gracias mami!*

Finalmente, gracias a Dios y a todos lo que han colaborado para que este libro sea un éxito.

Índice

Introducción……………………………………......…7

Parte I. Cambio de mentalidad

Un cambio de mentalidad es la clave del éxito……….……….....................................9

Las vivencias que me llevaron a ser exitoso…………………………………………...16

Un nuevo comienzo ……………….....................34

Claves para lograr el éxito en la vida …………....40

Parte II. Estrategias para ser una persona exitosa

Éxito I – El resultado del dinero a través de la enseñanza de la *siembra y el cultivo*…………….47

Éxito II – Personalidad …………….…………51

Éxito III – El resultado de tus acciones es la clave para lograr el éxito financiero…………………....53

Éxito IV – La administración …………….........55

Éxito V – Plan Financiero …………….……...58

Éxito VI – Clave para generar dinero …..……...68

Éxito VII – Ideas e innovaciones …………….....70

Éxito VIII – Pensamientos positivos vs. Pensamientos negativos …………..………….………...…73

Éxito IX – Consejos sabios 76

Parte III. Hábitos que se deben incorporar para lograr el éxito

Los hábitos que una persona debe implementar para la disciplina del dinero.................................80

Reflexión...100

Conclusión...112

Plan Futuro..114

Anejo I – Plan a 5 años ….........................116

Anejo II – Reten tu dinero ….....................123

Biografía …...128

Introducción

La información proveída a través de este libro es de suma importancia para toda persona que esté o pueda estar enfrentando una situación de impacto económico. Una vez termine el libro, el lector podrá crear una nueva visión donde realizará una evaluación de su estatus real financiero y a su vez obtendrá un entendimiento propio de cómo hacer que su vida tenga dirección y enfoque, de una forma fácil y efectiva, basado en sus ingresos.

El propósito de esta información es motivarle a hacer que su vida sea próspera y tenga un mejor desarrollo en su diario vivir. Este libro provee las herramientas claves para evitar estar en un estado de esclavitud financiera. Por lo tanto, a continuación, se proveen alternativas y recomendaciones para hacer que cualquier persona pueda salir hacia adelante. Implementando una nueva visión de cambio hacia una actitud positiva, usted podrá gozar de una mejor calidad de vida llena de éxitos y logros, como resultado e indicio del conocimiento, las acciones y de una nueva forma de mentalidad.

Parte I. Cambio de mentalidad

Un cambio de mentalidad es la clave del éxito

El objetivo principal de este contenido es hacerle ver cómo se puede hacer un cambio de mentalidad de una forma fácil, precisa, sencilla e inteligente, implementando sabios consejos y recursos que están a su disposición.

Por ejemplo: Para saber si somos exitosos económicamente, el primer paso que una persona puede ejecutar es hacer un análisis de cómo es que llega el dinero a su hogar y cómo es que se distribuye a través de sus gastos.

De tal modo, si usted es una persona que no siente éxito basado en su producción y calidad de vida, este ejemplo le lleva a hacer conciencia de la situación económica en que se encuentra. Por lo tanto, es necesario hacer una evaluación realista y aceptar cuáles son los **fracasos** que le llevan a una crisis financiera, lo cual puede tener un impacto en su estado físico, mental y emocional. Si somos realistas debemos reconocer que los fracasos son el producto de la ignorancia. Un fracaso se puede reflejar a través de los errores en la vida por causa de la insuficiencia del conocimiento. La insuficiencia de conocimiento es llevar a reconocer en qué estamos mal, y en qué debemos mejorar. Por lo cual es importante mantener una vida llena de *educación continua* (clave del éxito), en diversas áreas para poder adquirir más métodos de conocimientos.

    A través de este libro, quiero que conozcan que el mundo está diseñado para que el ser humano disfrute de la gran creación de Dios. Por otro lado, el ser humano, especialmente el de alto poder económico, ha modificado este legado para que en lugar de disfrutar de lo que tenemos a nuestro alrededor, las personas piensen y estén situadas en la constante búsqueda del dinero; esto les impide tener una vida gratis y placentera. De hecho, las personas han llegado a creer que para disfrutar la vida se necesita mucho dinero. Por cierto, el alta comercialización en los disfrutes de la vida en cuanto a la diversidad de atracciones hacia el ser humano se refiere, ha dado por sentado de que no existe nada de lo deseado que podamos disfrutar gratis. Ante esta situación, me gustaría que pusieras en práctica el análisis del siguiente ejercicio:

Pongamos como ejemplo el siguiente escenario:

- Usted es una persona que le gustaría estar disfrutando de un pasadía en una hermosa playa y en las noches les gustaría estar disfrutando de las estrellas.

Pregunta: ¿Cuánto equivale económicamente estar en un escenario donde estemos disfrutando ante la vista de una playa, las estrella o creando un escenario placentero, relajante y agradable?

Seguramente usted habrá pensado en una casa de playa, ir de pasadía o de vacaciones a un lugar como ese. Para esto, necesitaría recursos económicos para cubrir los costos de transportación, gasolina, equipaje y otros costos de servicio brindado, como estacionamiento para su automóvil. Si esa es su manera de pensar, sus planes posteriores serían buscar un lugar donde probablemente tenga que invertir una alta suma de dinero para satisfacer estos deseos o anhelos personales. Pero, quiero decirle que para disfrutar de la playa y el aire fresco no se requiere mucha inversión, estos son gratis. También, si deseas tener un cuarto de hotel usted puede modificar su habitación sin tener que incurrir en muchos gastos.

Por ejemplo: Yo deseaba disfrutar de este escenario diariamente, así que decoré mi habitación con cuadros del mar y el cielo estrellado para deleitarme siempre con ese hermoso paisaje. La inversión para lograr el ambiente deseado fue poca.

Para lograr disfrutar de los anhelos de la vida, no hace falta gozar de lo que publican los medios de comunicación con el fin de hacer negocio con su dinero. Solamente con un poco de visión y creatividad usted podrá lograr lo que desea. Yo le llamo a este procedimiento, *¡Un cambio de mentalidad!*

Tomando en cuenta el escenario anterior, hagamos un análisis de los recursos que tenemos a nuestro alrededor. Piense que, si otros ya han obtenido el control de lo existente, ¿Por qué no puede tener control de su propia vida y los recursos económicos que ha administrado como, por ejemplo, *su dinero*?

Debe expandir el conocimiento para desarrollar las estrategias necesarias para tener éxito en la vida. Tras el conocimiento que discutiremos a continuación, mi enfoque principal es que usted también tenga éxito económico.

Una de las claves para lograr el éxito financiero en su vida es tratar de lograr cosas **realistas y que sean posibles**. Tomando el escenario de la playa y las estrellas, todo lo que plasme, se puede hacer realidad, así generará nuevos pensamientos y una nueva personalidad llena de **confianza y éxito**. Por ejemplo, algunos pensamientos realistas para sentirse una persona exitosa financieramente son:

➢ *Tener su propia casa salda*

- Tener su auto saldo
- Estar libre de deudas
- Tener buen crédito
- Tener dinero en sus bolsillos
- Tener una fuente de ingresos la cual le permita descansar sin usted trabajar.

> "El éxito está en el esfuerzo y no en lo que los demás piensen de ti".

Déjeme decirle que todos estos sueños los he podido alcanzar a temprana edad, a pesar de provenir de una clase pobre. A la edad de 35 años ya había alcanzado todos estos sueños, así que si usted cree que todo es posible y se lo propone como meta, lo logrará. El *esfuerzo, dedicación y empeño* son claves para lograr lo que deseamos.

Actualmente, tengo un cuadro ubicado en la sala de mi casa que dice; ***El éxito está en el esfuerzo y no en lo que los demás piensen de ti.*** Con esto me refiero a que el éxito puede ser alcanzado sin importar si otras personas desconfían de tu intelecto. Siempre que decida alcanzar lo propuesto recuerde que, aunque el camino sea haga difícil, el éxito está en el **esfuerzo** que ejerce para lograr sus sueños.

El deseo de querer triunfar en la vida y el deseo de ser exitoso está en la mente, en sus conocimientos, en sus acciones, y en su personalidad. Los pensamientos, la educación continua, la energía positiva y el poder actuar correctamente, lo llevarán a alcanzar grandes cosas en la vida y podrá lograr lo que desea. Por ende, para tener una mejor calidad de vida o hacer posible el alcance de sus sueños, financieramente hablando, es necesario hacer un **_plan_** *a corto y a largo plazo*. En este plan se estipularán las **_metas_** que el participante o la persona desean alcanzar dentro de sus límites establecidos. La imposición y la aplicación de una meta, no solo le brinda dirección y enfoque, también, le abre paso al descubrimiento de nuevas áreas a través de la experiencia obtenida durante el transcurso de su trayectoria. Si se propone lograr una meta, no solo podrá lograr alcanzar la meta, sino que descubrirá cosas en usted que no sabía, como los talentos ocultos que posee. Tan solo aplicando su talento o algo que le apasione podrá sentir lo que es el éxito en la vida.

Cuando el éxito es alcanzado, no solo le eleva la autoestima, si no que siente tanta alegría, energía y satisfacción por el logro y el triunfo obtenido, que querrá compartirlo con los demás. A través de este libro, quiero que posea parte de mi experiencia, conocimiento, dirección y entendimiento, y que a su vez pueda sentir el éxito a través del descubrimiento de lo que verdaderamente desea y le apasiona.

Las vivencias que me llevaron a ser exitoso

Quiero compartir mi éxito a través de mi experiencia vivida. Nací en el estado de Nueva York, E.U. Cuando tenía tres años de edad mi familia se mudó para Puerto Rico, el país de origen de mis padres y abuelos. Poco tiempo después, mi padre regresó a los Estados Unidos, esto provocó la separación de mis padres. Mi madre se convirtió en madre soltera con cinco hijos, así que, debido a su poca educación y escasos recursos económicos, optó por depender de las ayudas del gobierno.

Al ser criado sin una figura paternal, siempre me hizo falta el elemento que necesita todo niño para desarrollar confianza y seguridad. Además, la falta de carácter e inseguridad de mi madre me transmitía un sentimiento de fracaso.

"Una persona que no ha sido preparada para enfrentar la vida, opta por lo más fácil o sencillamente se deja arrastrar según la forma de vida en su comunidad o ambiente que le rodea".

Sufrimos de la carencia de recursos necesarios como el dinero. A temprana edad me vi obligado a desarrollar destrezas de trabajo para poder sobrevivir. Por ejemplo, a la edad de diez años comencé a trabajar en la agricultura, ya que ese era el oficio para las personas de bajos recursos en el lugar donde fui criado, el pueblo de Las Marías en Puerto Rico. Trabajé desyerbando terrenos con el uso de un machete (instrumento parecido a un cuchillo, el cual se utiliza para cortar gramalote o la yerba mala), recogiendo café, cosechando plátanos, recogiendo chinas (naranjas), y en distintas formas de siembra de frutos. Desarrollé una personalidad tímida, humilde y tolerante, fue lo que mi familia proyectó en mí. Pasé por muchas necesidades como: hambre, inseguridad, sentido de abandono, humillación, burla, y dolor físico debido al trabajo duro a temprana edad. En ocasiones pensaba que, para salir de ese sistema de vida, la solución era aislarme o esconderme; a veces me llegaban pensamientos de frustración, los cuales me provocaban tener una baja autoestima.

"En situaciones parecidas donde se ocultan experiencias vividas bien dolorosas o en circunstancias donde se han cometidos grandes errores que provocan fracasos, se puede acompañar tal situación con pensamientos o decisiones dolorosas como el <u>suicidio</u>, provocando

la pérdida de grandes talentos y el sufrimiento de las personas a su alrededor".

Debido a esta situación de vida, pensaba que Dios no existía. Me preguntaba, ¿por qué mi familia y yo tenemos que vivir una vida de desgracia cuando otras familias tienen una manera más fácil para ganar dinero? Pero, poco a poco, a través de mis experiencias vividas me fui dando cuenta de que había un propósito en todo lo que hacía.

En una ocasión, cuando tenía 18 años me encontraba trabajando en una finca. Ese día, tenía las herramientas de trabajo que típicamente usa un agricultor como lo son: un machete, una lima, un termo de café y un galón de agua. No llevé desayuno, porque en mi hogar no había de comer y dependía de lo que ganara ese día para poder llevar el alimento a mi casa. No era la primera vez que tenía que trabajar sin desayunar. En el lugar donde me encontraba era un barranco, lejos de la carretera principal. Mientras trabajaba, mi cuerpo empezó a temblar, a sudar y sentí que me iba a desmayar. Comencé a sentir síntomas parecidos al de un bajón de azúcar. Estaba solo, pensé que, si me pasaba algo, nadie me encontraría porque en el lugar donde me encontraba era muy profundo y alejado. Tanto así que si gritaba por socorro sería difícil que otra persona lo escuchara. Ante la debilidad de mi cuerpo, recuerdo que caí al suelo de rodillas y fue como si perdiera la conciencia. Cuando recuperé el aliento, empecé a llorar. No entendía porqué tenía que pasar por circunstancias dolorosas cuando mis amigos y compañeros de escuela lo tenían todo.

Al despertar, vi mi cuerpo sucio, sudado, estaba hambriento y solo. Desde mi corazón, observé mi vida y recordé todos mis tropiezos por causa de mi ignorancia, especialmente por mi timidez y un poco de tartamudeo que me impedía poder hablar y expresarme libremente. Me avergoncé de mí mismo, pensaba por qué había nacido un ser como yo, con tantos complejos físicos y tan baja autoestima. Adicional a esto, había desarrollado un sentido de desprecio y olvido por parte de mi propia madre, pues al ser uno de los hijos del medio sentía rechazo y falta de atención. Sentía esto debido a que mi madre les brindaba más atención a los hijos pequeños y al mayor; el último tenía la habilidad de generar más dinero. Mi madre había creado una dependencia de mi hermano mayor, quien dejó los estudios a temprana edad para poder trabajar.

- ✓ Actualmente, mi hermano mayor goza de un trabajo propio en un ambiente de negocio donde ha logrado generar un gran capital sin la educación apropiada. Este resultado se ha dado implementando un ***esfuerzo*** continuo de arduo trabajo, tras el aprendizaje de la vida y creando ***un cambio de mentalidad*** basado en sus experiencias vividas. Esto quiere decir que no existe excusa para poder lograr ser exitoso en la vida.

Sentía que necesitaba de alguien que me diera fortaleza, que me sirviera de apoyo y que me supliera en mis necesidades. Con el pasar de los años pude comprender que ese alguien, al cual muchas personas le llaman Dios, puso en mi camino esa persona quien ha suplido y rellenado todas mis vacantes, según mis limitaciones. Esa persona es mi esposa. Llevamos casados cerca de 20 años, ambos hemos aprendido a complementarnos mediante el desarrollo de nuestro intelecto.

Por consiguiente, a la edad de 18 años, aun con mis limitaciones, me gradué de escuela superior. Varias personas me preguntaban cuáles eran mis planes, les contestaba que no sabía cómo proseguir mis estudios universitarios, ya que no tenía transportación ni dinero para hospedarme.

"Aquí observo mi vida sin un plan hacia dónde dirigirme, con aspiraciones futuras, pero, sin un timón para ser dirigido".

En ese tiempo, asistía al gimnasio donde iban a entrenar los policías, allí logré **_relacionarme_** (clave del éxito - buscar apoyo) con varios de estos. Según sus recomendaciones me convencí que ser policía era una buena opción para mí, ya que podía obtener un grado asociado en un corto plazo de tiempo, y mientras estudiaba me pagaban. Con esta recomendación pude obtener una **_visión_** (clave del éxito) de un escenario donde podía empezar mi carrera de estudio y trabajo. Al mismo tiempo podía suplir mi primera necesidad de obtener un auto propio, ya no tendría que preocuparme por la transportación. Tan pronto, obtuve dirección y apoyo a través de las orientaciones, observé cómo el rumbo de mi vida comenzaba a tener sentido.

"Al observar y al analizar mi escenario, había obtenido un plan de inicio, proseguir mis estudios, ahorrar dinero para comprarme un auto y obtener un oficio estable".

Tomé en consideración lo recomendado por los policías y di el primer paso para tomar los exámenes de ingreso para poder entrar al Cuerpo de la Policía de Puerto Rico. Sabía que tenía que luchar fuerte para conseguir lo deseado. Según mi situación de vida y mi futuro, entendía que esta era la mejor decisión, ya que no tenía los medios tales como: transportación, dinero y apoyo familiar. Además, había observado que quienes ingresaban a la academia de la policía, a los tres meses ya tenía su propio auto. Así que, comencé a motivarme para hacer hasta lo imposible para encaminarme rumbo hacia mis sueños.

"Los sueños son la mejor aspiración que un ser humano puede tener para mantenerse motivado".

Cuando comencé a comunicar mis aspiraciones y los motivos de mis metas futuras a algunas amistades, conocidos y familiares, sorpresivamente me encontré con críticas negativas que derrumbaban mis sueños y debilitaban mis sentimientos de fortaleza. Por ejemplo:

- Cuando comenté que pensaba ingresar a la agencia de la policía, me anticiparon que yo no tenía el carácter o la personalidad para ejercer ese oficio. Pues, yo era tímido y un poco tartamudo.
- Desconfiaban de mí, ya que era una persona muy callada y sumisa, muchos entendían que como policía no tendría el poder y la autoridad para que me respetaran.
- También escuché que esa era una profesión arriesgada y, a su vez, no respaldada por la sociedad.

Entre tantas críticas y comentarios que, de una forma u otra, creaban imaginaciones de burla, impactaban mis sentimientos de orgullo y confianza para lograr lo deseado. Por desgracia, ese era el escenario donde me encontraba, rodeado de personas ignorantes, de baja educación y sin alguna profesión.

*"**Consejo** - Siempre que impongas una meta personal no la comentes con nadie, a menos que sea para recibir dirección o fortaleza. Las personas fracasadas o las que no logran sus propias aspiraciones impedirán que otros logren sus sueños".*

Por el contrario, cuando iba al gimnasio a entrenar, me **relacionaba** con los policías y nuevamente sentía fortaleza, orgullo, y motivación. Sentía el apoyo que necesitaba y que alguna vez soñé. Veía en aquellos motivadores, la familia que deseaba. No tenía ningún familiar policía, así que, si lo lograba sería el primero. Esto sirvió de inspiración y motivación para demostrar que podía crear un impacto familiar positivo.

"Relacionarse con las personas que tienen su nivel deseado, o próximo nivel para adquirir su meta, le permite abrir paso para desarrollar las cualidades que son necesarias para esa personalidad deseada. Ejemplo: personas exitosas".

Algunos de los compañeros del gimnasio que fueron a tomar el examen de ingreso para la agencia de la Policía no aprobaron. En cambio, yo sí aprobé, a pesar de que muchos no creyeron que yo fuera capaz de lograrlo. *¡El éxito está en el esfuerzo y no en lo que los demás piensen de ti!* (Clave del éxito). Posteriormente, uno de los policías que me recomendó ese oficio me comentó que pensaba que yo no iba a poder pasar el primer examen.

"Aunque no veas la posibilidad de obtener frutos, riega la semilla o impulsa el instrumento para ver si obtienes resultados. Puede ser que encuentres el éxito, a través de lo desconocido".

Esa fue la primera etapa, faltaban varios exámenes donde tenía que viajar desde el pueblo de Las Marías, hasta la capital, San Juan, P.R.; era un viaje de aproximadamente tres horas. Las circunstancias me impedían proseguir con mi meta, pues esta vez nadie podía brindarme transportación para poder llegar a los distintos exámenes. Además, carecía de dinero para costear el viaje. Unos de mis familiares, quien no podía brindarme transportación, me recomendó **solicitar ayuda** (Clave de éxito), del alcalde de Las Marías, el pueblo donde residía.

Mediante un estado de soledad, timidez e inseguridad me animé a hablar con el alcalde. Luego de explicarle mi situación, él decidió asignar un chofer y un vehículo para que yo pudiera proseguir con los procedimientos pertinentes para lograr ser policía.

"Con solo un pequeño empuje una persona puede lanzarse al reto incurriendo así, en un acto de valentía".

Aunque había resuelto el problema de transportación, todavía me faltaba conseguir dinero para los gastos de alimentación. Debido al alto volumen de tráfico hacia el área metropolitana, tenía que levantarme a las 4:00 a. m. para poder estar antes de las 8:00 a. m. en el lugar de examen, dentro del Cuartel General. Ante un estado de desesperación y al no poder conseguir dinero, realicé el primer viaje sin ningún centavo en los bolsillos; sabía que no podría pagar ninguna de mis comidas. No era la primera vez que tenía que realizar una actividad sin comer, pero recuerdo que en esa ocasión Dios se apiadó de mí y encomendó al chofer para que me cuidara. Pues, ese día no tuve que pasar por necesidad, porque él me pagó las comidas. ¡Gracias a Dios!

Fueron muchos los sacrificios que tuve que pasar; hasta que por fin llegó el día del nombramiento y tuve la grandiosa dicha de pertenecer al honroso cuerpo de la Policía de Puerto Rico.

Luego de pasar todos los adiestramientos y requisitos para ser policía, fui asignado al área de

Bayamón, Puerto Rico, donde empecé a realizar mis funciones como agente de orden público. Debido a la corta educación y poca experiencia en aquel entonces, decidí continuar mis estudios (*próxima meta*) adquiriendo un bachillerado y una maestría en el área de Justicia Criminal, a la edad de veinticinco años.

- ✓ Analizando el escenario, en cuanto a financieramente se refiere, a temprana edad había invertido en mí mismo expandiendo el conocimiento y logrando, a su vez, tener un alto nivel de educación en el grado de concentración laboral. (Clave del éxito es "*invertir en sí mismo*").

La *inversión* en conocimiento me ayudó a escalar el próximo nivel laboral donde pasé a formar parte del CIC o Cuerpo de Investigaciones Criminales de la Policía de Puerto Rico. En esta fase comencé a adquirir experiencia como investigador, ejecutando mis conocimientos adquiridos.

Comencé a laborar en la División de Delitos Sexuales, luego pasé a formar parte de la Unidad de Fraude y, por último, formé parte de la División de Homicidios; una unidad considerada como la *elite* de la rama investigativa.

Por otra parte, a mis 20 años, Dios me dio una pareja con las cualidades que le pedí en un momento de desesperación un día mientras estaba en el campo. A los 21 años me casé con ella, pero la felicidad no duro mucho. Cuando me encontraba laborando en la unidad de Fraude tuve la experiencia de pasar por la etapa de un divorcio cuando llevábamos 7 años de casados. Pero no pasó mucho tiempo cuando le pedí perdón a mi esposa y recobramos la relación, renovando nuestros votos matrimoniales. Puedo entender, que la falta de comunicación asertiva, el orgullo, el modo de crianza familiar, entre otros factores, fueron el detonante para la ruptura de mi matrimonio.

"Por experiencia propia, no es recomendable tomar decisiones apresuradas. Un error conlleva

afrontar un acto de valentía para reconocer las faltas y pedir perdón para suturar una herida".

Mientras trabajaba en la Unidad de Homicidios, luego de la reunificación del hogar, mi esposa perdió su trabajo. Entonces decidimos emprender una nueva ruta, esta vez en el ámbito comercial. Comenzamos a involucrarnos en el área de los negocios. Invertimos parte de nuestros ahorros en un negocio de prendas y *suvenir*.

Luego, al ver que este negocio iba prosperando económicamente, decidimos invertir en una cafetería. Esta última decisión, nos llevó a estar batallando, por un término de dos años, con las preocupaciones del manejo del tiempo y la búsqueda del dinero para poder pagar las deudas. Debido a la inexperiencia y a la falta de educación en el área comercial no tuvimos éxito. Solo pudimos permanecer dos años en el área de los negocios.

- ✓ Analizando nuestro escenario reconocemos que una de las principales causas que provocaron el colapso de los negocios fueron la falta de educación, conocimiento, experiencia y búsqueda de los recursos necesarios, como el *servicio de consultoría* (Clave del éxito), en el área comercial.

Por consiguiente, nuestro hogar, auto y otras propiedades estaban en alto riesgo de ser embargadas. Pues, con un solo salario, la toma de malas decisiones y la falta de un buen plan administrativo en el área financiera, caímos en un estado de emergencia económica. Nunca habíamos desarrollado un ***plan** de preparación para anticipar hechos futuros* (Clave del éxito), como: la pérdida de trabajo, incapacidad, muerte, colapso en sistemas gubernamentales, privados o laborales, circunstancias de las cuales no tenemos control. Un ejemplo de esto puede ser el impacto de fenómenos atmosféricos. *(Una experiencia vivida, tras el paso de huracán María en Puerto Rico, en septiembre de 2017).*

Reflexionando hacia lo anterior, reconocemos que habíamos malgastado mucho dinero en diversión tales como: viajes, hoteles, restaurantes, fiestas, y actividades. Nunca habíamos tomado en consideración la necesidad real de un **plan preventivo de necesidades de impacto económico,** (Clave del éxito). Ante tal situación de atrasos en los pagos de casa, autos y préstamos personales, decidimos **tomar salidas opcionales** (Clave del éxito), para evitar perder lo que por años habíamos cultivado. Así que, decidí ingresar a las Fuerzas Armadas de los

Estados Unidos. Esta fue la oportunidad para buscar una salida ante la difícil situación económica que enfrentábamos.

Para poder entrar al Army, tenía que tomar un examen escrito y, posteriormente, tenía que pasar un examen físico. Reconocí que tenía una limitación para poder ser militar y esta era no saber hablar inglés. Aunque nací en los Estados Unidos, había regresado muy pequeño a Puerto Rico y en la escuela no prestaba atención a la clase de inglés. Ahora de adulto, reconozco cuán importante es tener una educación en la materia de un segundo idioma. Como consecuencia de lo anterior, al ***tomar la iniciativa*** (Clave del éxito), para la examinación de ingreso hacia el Army, ***fracasé*** (Clave del éxito), en el primer intento.

"Los fracasos son parte del éxito. Si no hay fracasos no podemos determinar el éxito. A través de los fracasos podemos ganar la experiencia para poder desarrollar estrategias y evitar fracasar de nuevo".

Sabía que había fracasado debido a la limitación del idioma. Entonces, decidí tomar ciertos cursos en inglés.

(Clave del éxito) – **"*Fortalecer las limitaciones buscando las herramientas necesarias y no dejarse llevar por las limitaciones*"**.

Cuando tomé el examen por segunda vez, volví a *fracasar.*

"Mientras más fracasos tienes en la vida significa que has tomado vasta experiencia en el transcurso de la trayectoria de la meta. En cada fracaso siempre se presenta la oportunidad de aprender algo nuevo."

Tuve que esforzarme estudiando por un término de un año para adquirir algunas destrezas del lenguaje inglés y otras materias que son requeridas para tomar el examen. El no haber obtenido esas destrezas durante el aprendizaje escolar me costó gran esfuerzo y sacrificio. Esa experiencia me llevó a promover y practicar la *educación continua* (Clave del éxito), para evitar pasar por grandes sacrificios en la vida. Por ende, en el tercer intento pude aprobar el examen. ¡Gloria a Dios!

(Clave del éxito) – *"No darse por vencido, perseverar y seguir hacia la meta."*

*"Ante el análisis de este escenario pude entender que lo que me motivó para llegar a la **meta** fue la búsqueda de **orientación, perseverancia, educación y esfuerzo** (Clave del éxito)".*

Una vez registrado comencé los procedimientos para entrar a las Fuerzas Armadas de Estados Unidos, y entonces aproveché la oportunidad de obtener una licencia sin sueldo en la Policía de Puerto Rico, para que en caso de que las cosas no fueran bien en el Army, poder regresar al trabajo anterior.

(Clave del éxito) – *"Nunca tomar decisiones a la ligera. Evaluar el escenario, antes de hacer cambios drásticos"*.

La *licencia sin sueldo* es un privilegio laboral para poder regresar al mismo puesto anterior, el cual se logra mediante la aprobación de los jefes.

(Clave de éxito) – *"Estar siempre acorde a las disposiciones de los jefes para que estos te puedan ayudar"*.

"La confianza es uno de los criterios para lograr obtener la aprobación de puestos de trabajos".

Una vez aprobado todos los requisitos para ser parte del Army, decidí trabajar en el área de **Finanzas**. El trabajo de manejo de finanzas es uno que me ha ayudado en la aplicación de nuevas técnicas y destrezas para mejorar mi vida personal y económica. Desde este momento, mi vida, la de mi esposa y mi familia tuvo un nuevo comienzo.

Un nuevo comienzo

Luego del impacto económico que sufrí, me propuse como próxima **_meta_** (Clave de éxito), saldar todas mis deudas, comenzando desde la más pequeña hasta llegar a la más grande. Mi **_motivación_** (Clave de éxito), para lograr mi meta era la oportunidad de haber entrado al ejército. Comencé eliminando las grandes deudas, consideradas como las peores inversiones (los automóviles y tarjetas de créditos). Luego eliminaría los préstamos personales, estudiantiles y por último los hipotecarios.

Según los distintos estudios en el desarrollo de finanzas, los autos son una de las peores inversiones, ya que deprecian continuamente y luego de haber pagado casi el doble de su valor inicial, al terminar la deuda, su valor adquirido al cabo de 6 años puede ser tan solo una cuarta parte de su precio original. También, las tarjetas de créditos son de las herramientas menos recomendadas para invertir, pues luego estará pagando altas tasas de intereses de por vida, literalmente, si continuamente depende de ellas.

Tomando esto en consideración, según nuestro **plan económico** (Clave de éxito), tuvimos que ajustarnos a las circunstancias para lograr así cumplir nuestra meta. Transferimos dos autos con deudas extremas a nuevos comprantes, a través del banco propietario. Esta decisión fue muy dolorosa, ya que había provocado un impacto a nuestro orgullo.

(Clave de éxito) – *"dejar lo que tienes para luego adquirir cosas mejores"*.

Tras haber transcurrido un tiempo, mi esposa y yo, nos adaptamos a un solo vehículo haciendo un **gran esfuerzo de coordinación y logrando hacer lo que otros no se atreven**. (Clave de éxito). Luego aprendimos que, si uno tiene la posibilidad de hacer ajustes para vivir con un solo auto, a lo que la situación mejora, una persona se puede economizar una gran suma de dinero en deudas por bienes que eventualmente no generan valor.

Esta fue mi experiencia, en tan solo 8 años, ahorré más de 80 mil dólares en pagos de autos y alrededor de 200 mil dólares entre pagos hipotecarios e intereses. A esto se le añade la destreza desarrollada para hacer un ajuste de vida en cuanto a la adaptación de vivir con un solo salario familiar para economizar el segundo o tercer salario. Por experiencia vivida, una vez se saldan las deudas, recomiendo continuar el

mismo patrón de pagos hacia los *ahorros* (Clave de éxito), **lo cual resultó en un aumento enorme en las finanzas. Esto nos permitió no depender de préstamos bancarios, seguros, o trabajos fijos por largo periodo de tiempo.**

- ✓ Pasar por el sacrificio al bajar de nivel, te facilita el proceso para desarrollar las herramientas que te ayudarán luego a escalar al nivel más alto o deseado, sin la necesidad de pasar por un proceso de paso a paso, por cada nivel.

Por ejemplo: Un trabajo simple te brinda la oportunidad de estudiar hasta alcanzar un nivel doctoral, para luego obtener una posición gerencial. Por lo tanto, a veces tenemos que sacrificarnos viviendo como pobres para luego poder vivir como ricos.

Por otro lado, para mejorar nuestras vidas, refiriéndome a las consecuencias de las decisiones de sacrificios, tuve que estar un año separado de mi esposa, incluyendo seis meses en la escuela de inglés como parte de los adiestramientos militares. Luego de finalizar la graduación de la escuela de finanzas, me asignaron a la Unidad de Servicio Militar, tenía órdenes de servir en el conflicto en Afganistán. Esto conllevaba estar otro año separado de mi esposa; para un total de dos años separados en un servicio militar de cuatro años activos. Aunque las circunstancias eran de *riesgo y bien sacrificadas,* (Clave del éxito), poseía la oportunidad de lograrlo. Se había establecido un riguroso **plan de ahorro** (Clave de éxito), para saldar deudas. Por tanto, para lograr mi meta, tuve que ***desarrollar un carácter de fidelidad hacia mis compromisos, tomando control ante las circunstancias provistas.*** (Clave de éxito).

"Es importante que la familia esté alineada al plan de ahorro".

El plan disciplinario de ahorro que desarrollamos para saldar deudas fue uno de los más difíciles en mi vida. Tuvimos que mantener nuestra *"actitud"* (Clave del éxito), antes las situaciones de tentaciones comerciales, especialmente al ver a otras familias viajando y disfrutando continuamente. Sin embargo, la ***actitud de firmeza, compromiso y controles emocionales*** (Clave del éxito), es lo que nos ha llevado a ser personas exitosas.

Actualmente, somos personas libres de deudas, con ahorros, fluidez de dinero y retirados a temprana edad, esto nos permite disfrutar de las bendiciones existentes a nuestro alrededor. Aunque mi esposa y yo hemos logrado una educación a nivel doctoral, vivimos con el fin de ***aplicar virtudes, de querer, desear, comprometer, confiar, y ser sabios en la toma de decisiones,*** (Clave del éxito). Por lo tanto, luego de ese enorme sacrificio, llegó la hora de estar libre de preocupaciones financieras, siempre tomando ***sabias decisiones.*** (Clave del éxito).

"Si nos sacrificamos para lograr una estabilidad financiera es hora de disfrutar de nuestra cosecha, por ejemplo; platos en restaurantes sin mirar los precios".

Las **decisiones y el esfuerzo** (Clave de éxito) realizado, me llevó a retirarme del área laboral a la edad de 35 años, pudiendo así disfrutar de la hermosa libertad.

"La libertad proviene de la gracia de Dios".

No obstante, estando retirado, puedo ser una persona productiva y contribuyente a la sociedad mediante el servicio de consultoría, **implementando y poniendo en práctica** (Clave de éxito) el conocimiento, la educación y experiencia adquirida. Creo que tenemos que **ser sabios** (Clave de éxito), para evitar ser esclavos del trabajo y del enriquecimiento hacia los grandes intereses del comercio. Por lo tanto, si tomas los **sabios consejos** (Clave de éxito), expuestos en este libro y los pones en práctica, habrá grandes posibilidades de que seas una persona exitosa.

Cuando pides prestado estás cediendo el derecho a que la identidad que presta sea tu patrono, dando por sentado que tú serás su siervo. Por lo tanto: **"No dejes que otros dirijan tu vida por tomar decisiones incorrectas"**. Solo *busca apoyo* (Clave de éxito), en aquel que te puede brindar la mano como lo hace un verdadero amigo o hermano. Realiza un estudio y pon en práctica la actitud hacia las *decisiones sabias* (Clave de éxito).

Consejo: *No seas uno más de los que propagan la irresponsabilidad o la incertidumbre, mediante la enseñanza o el ejemplo a otros.*

Quiero hacer un énfasis a este último texto dirigido a aquellas personas que dejan de pagar deudas debido diversas circunstancias o situaciones de vida. Yo también tomé esa decisión errónea un día y a la larga tuve que pagar el doble de los intereses devengados para cumplir con mi responsabilidad. Por ende, cuando una persona responsable hace un estudio de búsqueda de conocimiento se dará cuenta de que existen múltiples alternativas para cumplir con su debido compromiso.

En el próximo tema proveo todas las claves de éxitos que fueron citadas para un cambio de mentalidad.

Claves para lograr el éxito en la vida

A continuación, una lista de las *claves de los éxitos* que fueron remarcadas en las páginas anteriores. Estos consejos, de aplicación diaria, fueron las claves que me llevaron a tener un cambio de mentalidad para el éxito.

- Establezca un plan a corto y a largo plazo.
- Sea realista y plantee metas que puedan ser posibles.
- Exhiba sus talentos y ejecute lo que verdaderamente desea.
- Confíe en usted mismo.
- Ejerza esfuerzo, dedicación y empeño en todo lo que haga.
- Aplique pensamientos estimulantes.

Por ejemplo: *¡El éxito está en el esfuerzo y no en lo que los demás piensen de ti!*

- Tome la iniciativa.
- Muestre una personalidad de éxito.
- No se deje guiar por las emociones.
- Aprenda a tomar decisiones sabias.

- Invierta en usted mismo.

Por ejemplo: *educación o conocimiento, aplicación de experiencias positivas vividas por otras personas.*

- Adquiera hábitos de educación continua.
- Desarrolle una visión y busque apoyo en aquel que le puede brindar ayuda.
- Mantén la motivación a través de los sueños.
- Aléjese de las personas que **no** inspiran aliento, como las que te consumen energía por medio de las críticas.
- Evite ser involucrado en áreas que no van acorde a sus metas, creencias o pensamientos.
- Busque dirección y apoyo en aquella persona que le brinde fortaleza.
- Relaciónese con las personas que tienen su nivel deseado o próximo nivel a seguir para alcanzar su meta.
- Adquiera esas destrezas que son necesarias para lograr su meta.

Por ejemplo: *personas exitosas.*

- Involúcrese con aquellos que tienen aspiraciones y que le puedan ayudar.
- Busque el conocimiento y dirección en aquellos que lo tienen.

Por ejemplo: *un consultor, médico, contable, abogado o pastor de iglesia.*

- Riegue la semilla del talento, aunque crea que no va a dar frutos. Tal vez encuentre la oportunidad deseada en el lugar menos esperado.
- Busque ese acto de valentía con la persona que le puede dar ese empuje que necesita y que a su vez sea el correcto, según sus metas y aspiraciones.
- Sea una persona competente en el área laboral. La educación, el conocimiento y la experiencia le ayudarán a ser una persona competente.
- Aplique cambios que causen un impacto positivo. Esto le ayudará a sobresalir entre los demás.
- Esfuérzate y trata de lograr lo que otros no pueden. Algunas personas logran el éxito haciendo lo que a nadie le gusta.
- Analice los fallos. No se de por vencido, persevere y prosiga hacia su meta.
- Aprenda de los fracasos, aprovechando su experiencia y recuerde que los fracasos le abren paso hacia la oportunidad de desarrollar las destrezas necesarias para evitar cometer los mismos errores.

- Tome en consideración las vivencias de desgracias o fracasos. Estas proveen la oportunidad de desarrollar talentos para proveer cambios positivos en la vida.
- Desarrolle y ponga en práctica el hábito del *madrugar*. Esto es un acto de fortaleza y energía que le permite realizar más tareas en el diario vivir, el cual a su vez ofrece la oportunidad de descansar, de recrear y aplicar esos pasatiempos que tanto placer brindan en la vida.
- Trate de llegar temprano a sus compromisos. Esto le brinda una buena imagen que refleja responsabilidad, seguridad, confianza, y compromiso.
- Anticipe hechos futuros mediante el análisis y la incorporación de un plan.
- Desarrolle y ponga en práctica un ***plan preventivo de necesidades de impacto económico que incluya a toda la familia.***
- Ahorre dinero y aprenda a economizar.
- Ponga en práctica la disciplina de economizar, comprando productos de igual calidad en el distribuidor del mejor precio.
- Invierta en cosas que adquieran valor.

Por ejemplo: *el oro es un producto que se puede intercambiar en cualquier parte del mundo.*

- Ante la diversidad de obstáculos, tome en consideración salidas opcionales.
- Fortalezca las limitaciones, buscando las herramientas necesarias y no se deje llevar por las mismas.
- Aproveche el aprendizaje adquirido en las distintas experiencias de vida.
- Tome consejos de personas sabias o de vasta experiencia.

Por ejemplo: *personas ancianas o personas que vivían en fracaso y ahora son exitosas.*

- Mantenga el enfoque, tras el esfuerzo, la práctica y la educación.
- No tome decisiones a la ligera. Evalúe el escenario antes de hacer cambios drásticos.
- Aproveche los privilegios.
- Mantenga una actitud de confianza para lograr acceder a los demás.
- Demuestre responsabilidad para alcanzar el próximo nivel deseado.
- Mantenga la motivación ante las adversidades de la vida.
- Cuando sea necesario, deje lo que tiene para obtener cosas mejores.
- Mantenga una actitud de fidelidad, compromiso, carácter y firmeza para tomar control de las circunstancias.

Por ejemplo: *situaciones familiares que llevan tomar decisiones por medio de las emociones.*

- Tome decisiones sabias. Recuerde que usted es la herramienta del fruto, si usted falta no podrá alimentar a otros. Por lo tanto, dedique tiempo para sí mismo y luego brinde tiempo para los demás.
- No descuide su salud por hacer sacrificios para beneficiar a otros.
- Mantenga una imagen de productividad y beneficio para la sociedad.
- Saque provecho del conocimiento y de las experiencias adquiridas, no las reserves solo para ti.

Luego de haber leído todos estos sabios consejos, se dará cuenta que, con tan solo aplicar alguno de ellos, podrá alcanzar el éxito en la vida. El éxito se compone de la persona que eres o que ha logrado desarrollar, como el resultado de sus acciones, pensamientos y emociones. Disfrute de lo que tiene a su alrededor y de lo que ha cultivado. En el próximo tema se presentan las estrategias para ser una persona exitosa.

Parte II. Estrategias para ser una persona exitosa

Éxito 1
El resultado del dinero a través de la enseñanza de la *siembra y el cultivo.*

Al analizar mi escenario de vida, puedo entender que las circunstancias me obligaron a acogerme a las enseñanzas que tuve de las personas de escasos recursos en lugar donde me crie. Crecí en el pueblo Las Marías en Puerto Rico, un pueblo donde la mayoría de las personas de escasos recursos dependen de la agricultura.

Con tan solo 10 años de edad aprendí a sembrar y a cultivar diferentes clases de alimentos como: plátanos, café, gandules, habichuelas, pepinillos, pimientos y una gran variedad de cultivos de vegetales. Ante esta situación de vida, reflexiono sobre el alcance del éxito financiero y económico que he tenido y reconozco que mi trayectoria durante la infancia y desarrollo fue un detonante para crear mi **personalidad**.

"La creación de una personalidad y el desarrollo futuro tiene que ser acorde a la personalidad adquirida para lograr sentar la **base de conformidad, bienestar y fortaleza***".*

Y es aquí donde se planta la semilla de la motivación, la que eventualmente hace que reconozca mi trayectoria recorrida desde temprana edad, toda experiencia es un pilar o eslabón para lograr alcanzar el éxito financiero. La experiencia que viví como agricultor me hizo entender que, para poder cosechar, antes tenemos que sembrar.

"Si el agricultor dedica su talento con majestuosidad, pasión y detenimiento en lo que debe hacer correcto, entonces esperará que su cosecha sea buena".

Es aquí donde, a través de este libro, quiero dejar el **_legado_** de sembrar y cosechar (dar para recibir). Si una persona siembra amor, educación o éxito se espera que, eventualmente, de una forma u otra le sea devuelto.

"Si lo que siembra es bueno, el fruto será bueno, pero si no siembra, o no lo hace de la forma correcta, no se esperarán frutos o existirán altas probabilidades de que el fruto no sea bueno o de alta calidad".

S_embrar y cosechar_ es una de las claves del éxito, más adelante entenderá cómo he aplicado este concepto financieramente.

Por ejemplo: *Tomar decisiones de riesgo a nivel controlado.*

Esta es una de las enseñanzas de sembrar y cosechar. Al analizar el juego de la vida una de las técnicas para generar dinero depende de tomar riesgos. Aprender a sembrar la semilla de tomar riesgos en inversiones para poder prosperar económicamente es una de las estrategias que he aplicado. A través de la experiencia, el conocimiento y las destrezas desarrolladas, aprendí a tomar riesgos controlados. Los riesgos controlados son aquellos que se aproximan más hacia el éxito que al fracaso.

Por ejemplo: Invertir en una casa para luego alquilarla o venderla y así poder sacar provecho de la inversión. El riesgo controlado significa que luego de hacer una búsqueda de alrededor de 100 propiedades y mediante la comparación de estas, podrá hacer un análisis para determinar cuál de las propiedades será la mejor inversión. Por tanto, podrá tener una _**visión**_ de un escenario para estar seguro de la decisión que tomará.

Según los estudios económicos, una de las claves para generar dinero es la inversión. A través de las inversiones se puede multiplicar el dinero obteniendo así ventaja del tiempo establecido en un plan de ingresos económicos. Por ende, el resultado a través del cultivo del dinero puede ser la solución para que puedas obtener lo deseado según tus aspiraciones y anhelos.

Advertencia: *La obtención del dinero o riquezas puede ser una navaja de doble filo.*

La búsqueda de dinero puede llevarlo hacia una actitud de obsesión. Si esta actitud no es controlada puede ser que se desarrolle una personalidad de avaricia, vanidad, orgullo y ambición. Estas características pueden ocasionar una ruta de malestar, imprudencia y olvido hacia el necesitado. También, la posesión del dinero puede brindar atracción hacia personas malvadas. Por lo tanto, debemos ser sabios en cuanto a la prudencia del manejo del dinero y la responsabilidad que otorga la posesión del mismo.

Por consiguiente, comparo el dinero con la azúcar, ya que *"donde hay azúcar, las hormigas llegan"*.

El dinero es un elemento que puede atraer a gente ambiciosa, así como también al necesitado. Esto provoca una situación de riesgo personal donde puede crear un escenario de persecución, poniendo en riesgo la vida del poseedor. Por lo tanto, si eres una persona sabia y adoptas las herramientas necesarias para obtener, mantener y distribuir el dinero, le aseguro que no tendrá que pasar por ese tipo de situaciones preocupantes.

Éxito 2
Personalidad

La clave del éxito financiero está en la personalidad. A través de su personalidad y sus acciones, puede dar paso al descubrimiento de talentos ocultos que posea y la oportunidad de alcanzar lo que verdaderamente le apasiona.

Por ejemplo: *Algunas personas nacen o desarrollan la cualidad de ser carismáticas y tienen éxito en todo lo que realizan.*

Por lo tanto, si no es una persona carismática y desea serlo, necesitará educación y práctica en esta área. El carisma, también, es una cualidad clave de una personalidad que puede tener un impacto positivo en aquel líder que se propone como **meta** llegar a grandes multitudes. Por lo tanto, demostrar *fluidez y confianza* es la clave para lograr esa energía que necesita ser transmitida y lograr tener el éxito deseado.

Distintas investigaciones relacionadas a los tipos de personalidad adquirida, han demostrado que, mediante ejercicios prácticos y repetitivos, se puede desarrollar una personalidad de confianza y éxito.

Por ejemplo:

Una persona que sea introvertida puede lograr obtener fluidez al hablar mediante la práctica, ya sea frente a un espejo, o en un ambiente cómodo donde sienta confianza. Recuerde que yo era tartamudo y ahora hablo con mucha confianza y fluidez.

Por ende, con práctica, dedicación, interés y empeño logrará encontrar e implementar lo que verdaderamente desea y le apasiona en la vida. Tome en consideración el aspecto de una personalidad de éxito y se dará cuenta de que todo lo proyectado en la mente, se reflejará hacia el mundo exterior. Por lo tanto, una de las claves para lograr el éxito en la vida es proyectarse a través de su personalidad.

Éxito 3

El resultado de tus acciones es la clave para lograr el éxito financiero

El éxito financiero puede estar basado en los principios claves aplicados, tras el resultado de sus acciones en la vida personal.

Por ejemplo: Los consejos de mi madre fueron los principios educativos en los que me basé, además de los consejos recibidos de maestros, amigos, familiares, pastores de iglesias, conocidos y compañeros de trabajo. Entre estos principios o consejos se encuentran los siguientes:

- Sé obediente
- Pórtate bien
- Busca de Dios
- Haz las cosas bien
- Sigue estudiando
- Nunca te des por vencido
- Esfuérzate
- Da siempre lo mejor de ti

- Piensa en los demás
- No te juntes con personas de mala influencia
- Haz obras de caridad

Aplicando todos estos conceptos, podemos observar que prácticamente todo lo que uno ofrece en la vida, de alguna u otra forma, lo recibe. Además, todo lo que una persona brinda se multiplica.

Por ejemplo: Si das amor, recibirás *amor*. Si das *dinero,* recibirás las gracias, un Dios te bendiga o que sea Dios quien te lo pague y te lo multiplique. (Esta bendición es mejor que mil cosas).

Nunca dude, porque, siempre el universo o Dios de alguna forma u otra, le recompensará las obras que realice. *¡El resultado le será devuelto como consecuencia de los actos de sus obras!* Recuerde que la vida le recompensa por sus acciones y no por su apariencia.

Éxito 4

La administración

Los resultados de diferentes estudios realizados en diversas áreas como en las instituciones financieras, ámbitos de negocios, y todo lo relacionado al comercio, demuestran que una mala administración puede provocar la pérdida de bienes o logros obtenidos. Esto también pasa en nuestra vida personal. Si una persona tiene la habilidad de obtener dinero, pero a su vez no hace un uso sabio de este, seguramente se irá a la ruina o fracasará. Por otro lado, una persona que no tenga la habilidad de generar mucho dinero, pero aplique las técnicas adecuadas para llevar a cabo una buena administración, seguramente nunca sufrirá por la escasez de este.

Por lo tanto, para lograr el éxito financiero es necesario desarrollar un buen ***plan de acción*** con resultados controlados. Esto se logra implementando un **plan** que proyecte sus **metas** basadas en las futuras expectativas y tome en consideración posibles cambios que puedan acontecer.

Por ejemplo: Las organizaciones ejecutan sus funciones, según su *Standard Operation Procedure*, (SOP), lo cual en el lenguaje español sería: *Proceso Estándar de Operaciones*.

En cuanto a la vida humana se refiere, podemos entender que nuestro proceso estándar de operación para lograr el éxito en la vida se compone del siguiente factor:

- Tener un desarrollo saludable dentro de los recursos a su disposición.

Esto se logra haciendo un balance en los aspectos emocionales que van acompañados de las actividades cotidianas, tanto físicas como mentales. En estas encontramos las siguientes actividades: ***laborales, económicas, sociales, familiares, espirituales y recreacionales.***

El resultado de este balance va dirigido a obtener un buen estado físico y mental. De haberse logrado esto, estaremos satisfechos y convencidos de que llevamos una vida balanceada, llena de éxitos placenteros y disfrutes anhelados. Por lo tanto, en nuestro plan de éxito, debemos incluir las siguientes fórmulas que se presentan a continuación; contiene los aspectos necesarios para poder lograr un balance de vida y así poder sentirnos satisfechos. Según este resultado, el ser humano podrá obtener una visión hacia un pensamiento de éxito, mediante un cambio de mentalidad. Las siguientes fórmulas son la que se deben aplicar para poder lograr su **bienestar físico, mental y emocional.**

Fórmulas:

Éxito en la vida = emociones de satisfacción, según su deseo personal.

Balance de vida = resultado de un estado balanceado en los siguientes aspectos: laboral, personal, económico, social, familiar, espiritual y recreacional.

Éxito en la vida + *Balance de vida* = **bienestar físico, mental y emocional**

No obstante, según el resultado del *balance de vida* acompañado de *éxito en la vida* será la clave para que se produzca un estado de **bienestar físico, mental y emocional.** En la sección de anejos se explica detalladamente un plan donde se estarán aplicando estas fórmulas. Por consiguiente, estas fórmulas se tienen que ejecutar para poder acceder al propósito y objetivo de este libro, cuyo tema es: *¡Un cambio de mentalidad es la clave del éxito!*

Éxito 5

Plan financiero

A continuación, presento un plan financiero el cual me ayudó a obtener una guía de dirección monetaria. Diseñé este plan con una visión más fácil y sencilla para que todos lo puedan entender y ejecutar. Este plan le proveerá una visualización de su estatus económico actual. También, mediante el mismo, usted podrá evaluar sus proyecciones en cuanto a sus metas futuras.

Antes de la evaluación financiera es necesario aprender varios significados establecidos bajo el **plan financiero**. Estos significados son los siguientes:

Un *plan* es la implementación de un curso de acción hacia un rumbo u objetivo para lograr proyecciones deseadas. El plan incluye; *visión, meta* y *objetivos*.

Una *visión* es un método de enfoque con el cual un individuo visualiza un escenario donde puede tener dirección para obtener resultados deseados.

La *meta* ante un efectivo plan financiero es que usted pueda cumplir sus expectativas, de acuerdo a sus deseos y anhelos económicos.

El *objetivo* es mantener control de los gastos controlados y no controlados, a través de decisiones sabias que apuntan más hacia el éxito que hacia el fracaso.

Dinero comprometido - es todo aquel dinero que usted tiene que pagar, mes tras mes, por servicio brindado (casa, carro, celular, agua, luz, internet).

Dinero no comprometido - es el dinero que usted no ha comprometido, pero que es necesario invertirlo para su sustento diario (comida, gasolina, restaurantes, gimnasio, aseo personal).

Total - es el resultado final de la suma del dinero comprometido más el dinero no comprometido.

Balance - es la resta del dinero inicial, menos el dinero comprometido, más dinero no comprometido.

A continuación, se presenta una tabla la cual proveerá una visión de cómo usted debería realizar su evaluación de ingresos. Esta tabla es un ejemplo básico de cómo diseñar y mantener un control basado en un plan financiero familiar.

Plan financiero familiar

Balance del mes anterior: $1,000

Salarios de ingresos: $4,000

Tabla 1: *Dinero comprometido vs dinero no comprometido*

Dinero comprometido		Dinero no comprometido	
Ahorros	200	Alimentos	300
Plan de emergencias	50	Gasolina y peajes	200
Hipoteca o vivienda	850	Restaurantes	200
Vehículo	350	Educación	50
Servicio de agua	50	Recreación	200
Servicio de luz	100	Barbería o salón de belleza	50
Servicio de celular	100	Actividades	200
Internet	50	Compras	150
Programas de televisión	50	Padres	50
Seguros	150	Otros gastos	200

Iglesia o donaciones	200	
Inversiones	100	
Total	**2,250**	**1,600**

Total de gastos = $3,850
Balance = $150

Balance para el próximo mes: $1,150.

La **Tabla 1** muestra una visión objetiva de establecer un plan seguro hacia una estabilidad económica el cual le permite proyectar e incluir metas de ahorros, planes de emergencias e inversiones. También, esta tabla permitirá crear un balance equilibrado entre dinero comprometido vs el dinero no comprometido. Esto permite disminuir los gastos excesivos para dar prioridad a los gastos de primera necesidad.

"Si dedica tiempo, mes a mes, realizando este ejercicio significa que está cuidando su sustento económico de acuerdo al control de ingresos y gastos de dinero. Este hábito o disciplina le llevará a tener una visión hacia la prosperidad".

Evaluación de ingresos

A continuación, le mostraré un ejemplo de la ***evaluación de ingresos*** la cual está diseñada de acuerdo a la visión de una persona emprendedora, sabia o razonable.

Entrada de salario *Familiar* = $5,000

- Salario 1: $2,000
- Salario 2: $2,000
- Cash flow = $900 (Ej. renta de apartamento u otro método de generar dinero extra)
- Venta de un talento = $100 (Ejemplo: dar clases de manualidades u otro servicio como venta de bizcochos, comida)
- Dinero no esperado = dependerá de los resultados de las inversiones a corto o a largo plazo.

Salida de salario *familiar* = $4,500

Balance = $500 (dinero no utilizado)

La evaluación de ingresos de este escenario provisto está diseñada para el incremento de balance. Su objetivo es asegurar una zona próspera y con poco riesgo de impacto económico.

Ahora le proveo un escenario que le dará una visión de cómo emprender un camino hacia una meta.

Por ejemplo: Si usted genera X cantidad de dinero y su meta es triplicar esta cantidad en un término de 2 años, (3X), usted deberá crear un plan que se aproxime o le permita lograr su meta.

Análisis: Por ejemplo, usted desea *triplicar su salario en un término de 2 a 5 años.*

- Su salario es $2,000 y su plan es triplicarlo a una suma de $6,000.

Escenario: Supongamos que en su empleo usted genera un salario de $2,000 dólares. Para implementar un plan objetivo y viable, tiene que desarrollar un plan financiero dirigido a su rama profesional y educativa para así tener como ventaja sus conocimientos, experiencia, educación, adiestramientos y los hábitos de la disciplina laboral necesarias, de acuerdo a su plan. Si usted decide emprender un rumbo distinto a lo acostumbrado, tendrá que ejercer más esfuerzo. Por ejemplo: comenzar la búsqueda de un empleo que le genere más o con más beneficios, como un plan médico. Otro ejemplo, es utilizar sus destrezas y/o conocimientos (talentos) para generar más ganancias. Las destrezas dependerán de su experiencia, educación, conocimiento y habilidades.

Por ende, supongamos que usted decide escoger un rumbo similar a su profesión de trabajo para así tener ventaja con sus fortalezas.

Pregunta: *¿Qué debe hacer usted para comenzar y dar el primer paso?*

Primero, usted tiene que evaluar sus posibilidades dentro de sus cualidades de fortaleza. Usted debe hacer una lista de sus posibles oportunidades de ingresos económicos dentro de un ambiente laboral viable.

Por ejemplo: Lista de posibilidades para lograr un salario de 6,000 dólares.

- Ascenso laboral
- Incrementar la educación hacia una más elevada, (PhD).
- Cambio hacia un empleo federal
- Moverse hacia el área de negocios, (promover un talento, servicio o producto que le ayude a general ingresos).
- Tener su trabajo secular más un trabajo a tiempo y medio (part-time).
- Tener 3 trabajos (Incluye el de su pareja)
- Trabajar horas extras
- Comenzar otra carrera
- Ingresar a las Fuerzas Armadas
- Afiliarse a una asociación que le provea las herramientas para lograr su meta.
- Adjuntar el salario de su pareja o familiar

- Pedir ayuda o soporte económico (el gobierno a veces tiene unos fondos de ayuda para las personas que tienen poco ingreso).
- Esperar a que llegue una oportunidad, teniendo esperanza o tomar la iniciativa para empezar a empujar las puertas para ver cuáles de estas pueden dar paso hacia nuevas oportunidades.

Según la lista antes mencionada, supongamos que usted decide ***tomar la iniciativa de empezar a empujar las puertas para ver cuáles de estas se abren***. Si usted comienza a empujar la primera puerta y no logra acceso, **no se rinda**. ¡Inténtelo nuevamente! Si al intentarlo nuevamente observa que no puede abrir la siguiente puerta, **no se rinda**. Por tercera ocasión, si decide abrir otra de las puertas y no logra resultado, **no se rinda**. A veces nos desmotivamos y decidimos tomar un receso, pero, al cabo de un tiempo, usted debe buscar consejos de personas expertas y motivarse nuevamente a empujar las puertas. Cuando usted deja su orgullo a un lado y pide ayuda a otras personas, muchas veces, estas personas son la clave para poder tener entrada. Por consiguiente, desde ese momento en adelante dependerá de usted continuar empujando las puertas para poder seguir creciendo.

"En mi vida el acceso a la entrada de las diferentes puertas han sido las oportunidades que me brindaron como: la entrada a la educación, ser

policía, ser parte de las Fuerzas Armadas de Estados Unidos, la reunificación de un sueldo familiar, trabajar horas extras, el ámbito de negocios, y otros".

Luego de ejercer todas estas oportunidades hacia un mejor salario, usted aprenderá que la manera más fácil de lograr su meta es plantar una semilla que germine por sí sola. El objetivo de la semilla es que mientras descansamos, esta seguirá produciendo dinero. Luego de adquirir la experiencia, y la educación necesaria, se dará cuenta que es necesario sembrar más semillas para seguir colectando frutos y así cumplir con la meta.

Al pasar el tiempo, comenzará a ver y a reunir los frutos de todas las semillas sembradas, y entenderá que no tan solo habrá logrado la meta, si no que habrá producido más de lo esperado. Por ejemplo, frutos de negocios a través del Internet. Por consiguiente, cuando usted analice su escenario podrá entender y percibir que lo que le ayudó a lograr el resultado final de su meta fue el resultado de las siguientes respuestas:

- ✓ Tomar la iniciativa.
- ✓ No darse por vencido(a).
- ✓ Volver a intentarlo.
- ✓ Dejar su orgullo hacia un lado.
- ✓ Empezar a pedir ayuda.

- ✓ Buscar orientación y apoyo en aquellos que tienen las destrezas.
- ✓ Buscar la educación y el conocimiento en el área de desarrollo económico.
- ✓ Aprender a escuchar y hablar menos (evitar las críticas).
- ✓ Confiar y tener fe en Dios (fortaleza).

Una vez usted ha alcanzado su meta se dará cuenta de que todo en la vida es posible si un individuo: *se propone un plan, emprende un camino, no se detiene ante las circunstancias, lucha contra viento y marea por lo deseado, y confía en que va a llegar a su meta.* El resultado final es lo que llena a una persona de un entusiasmo de éxito, pasión, satisfacción y deseo de ayudar a otros a emprender su camino.

Éxito 6

Clave para generar dinero

La clave para generar dinero está en la disposición del ser humano. Por tanto, la máquina para generar dinero es usted. Sus habilidades, talentos e iniciativa propia le permitirán generar dinero en cualquier área de trabajo. No importa que oficio tenga que ejercer, después que este sea uno legal, honesto y honrado es posible llegar a la cúspide de ese empleo si trata de dar siempre lo mejor. Sobresalir entre los demás, a través de sus talentos, le permitirá ser competente. Por ende, esta actitud de valentía, iniciativa y confianza en sí mismo, le permitirá abrir paso para que pueda alcanzar el éxito deseado.

Le recomiendo que sea una persona alegre, motivadora y con interés en todo lo que se presenta. Trate de tener una personalidad generosa, disponible, habilidosa e intente ganar la confianza de los altos líderes. Estos tienen la llave para que logre el puesto de trabajo preferido. Para ser competente necesitará educación, conocimiento, y alta experiencia. Pero si gana la confianza de un líder estos requisitos pueden ser pasados por alto. Aunque no goce de conocimiento, acuérdate que todo ya está estudiado e inventado y toda organización tiene sus propios protocolos, solo necesitan adiestrar a sus empleados y nada más. Los líderes tienen el poder para cambiar las cosas, según su interés y conveniencia. Por lo tanto, seguir un patrón de alta disciplina laboral le ayudará a lograr el éxito deseado.

Éxito 7

Ideas e innovaciones

Siempre trate de buscar ideas innovadoras. Cuando esté evaluando un proyecto o una idea, haga una pausa, observe, relájese, analice el escenario a su alrededor. Piense cómo podría mejorar lo existente. Aquí, es que nace la habilidad de poder analizar, hacer crítica o juicio y, por ende, podrá crear una **visión** de cómo mejorar o cambiar un producto. Con un cambio, la implementación o mejora hacia un nuevo producto existente o no existente *puede encontrar la llave para su éxito personal.* Si siente que no tiene las habilidades, los recursos o las herramientas para ejecutar su idea, nunca diga ¡no se puede!

Solo trate de pensar qué es lo que necesita, organice sus pensamientos, *escriba sus ideas*, **NO LAS COMENTE CON NADIE**, realice un estudio sobre lo que quiere implementar, busque información, y diríjase a las fuentes necesarias para ejecutar la misma. Se dará cuenta que en cada paso que realice aprenderá cosas nuevas. Si es posible patentice su idea. Mediante la investigación encontrará personas interesadas en su idea y a la vez descubrirá que existen múltiples ayudas a su alrededor, solo tiene que buscarlas. *Anímese y muévase*, no lo deje para después, ya que mañana puede ser demasiado tarde.

Lo que no pueda hacer, lo puede delegar en otros, recuerde que existe una diversidad de profesionales tales como: técnicos, ingenieros, científicos y expertos en las materias que le hagan falta. Evalúe si tiene familiares o conocidos en la materia que necesita, pues, deberá buscar ayuda. Ante la inmovilidad de un recurso, obstáculos u obstrucción, siempre habrá pasos o salidas hacia estos elementos. No se desanime, continúe en la búsqueda de sus sueños.

Asignación

Como asignación, busque un lugar donde pueda relajarse, libre de interrupciones. Cierre sus ojos y concéntrese. Respire profundo varias veces, sienta su cuerpo. Trate de conectarse con su ser interior. Piense en lo que desea y en lo que le apasiona. De acuerdo a lo que desee y le apasiona piense cuál sería la trayectoria para alcanzar sus sueños. Recuerde que el que sueña, tiene aspiración y creatividad. Solo hace falta desarrollar carácter para poner en práctica lo deseado. Inicie sus pasos, **SEA PERSISTENTE** (Clave de éxito), luche para alcanzar lo deseado.

Ahora establezca como meta lograr lo que desea. Piense en la ruta más favorable. Tome como ejemplo a las hormigas, quienes ante los obstáculos que encuentran, mientras caminan en el suelo, si no pueden pasar o trepar, estas simplemente le pasan por el lado. ¡Puedes vencer los obstáculos! No importa si lo moral o lo que cree que es ético por parte de la sociedad, las creencias o la familia, impacte su meta, pues está rompiendo con las barreras provocadas.

Comience ya su plan porque mañana puede ser demasiado tarde. Escriba un plan y póngalo en un lugar donde lo vea a diario. Ese plan debe tener las metas y objetivos a seguir para poder llegar al final del camino. No se desespere, **PERSEVERE** (Clave de éxito) y verá que paso a paso, con poco o mucho esfuerzo, logrará lo deseado. Cuando crea que es hora de detenerse, descanse, respire, tome aliento, busque ayuda para proseguir con el camino deseado.

Éxito 8

Pensamientos positivos vs. pensamientos negativos

Un pensamiento positivo le permite abrir paso ante la oscuridad delante de lo que no se ve, lo imposible o lo incierto. Sin embargo, un pensamiento negativo implementa fracciones de miedo e inseguridades que acompañan al fracaso. Por otra parte, un pensamiento positivo puede motivar a una acción o el inicio hacia el movimiento y un pensamiento negativo puede retrasar e inmovilizar el movimiento. Por tanto, ante cualquier situación o circunstancia que obstruya y provoque un pensamiento de fracaso, analice y piense: *¿cómo ese pensamiento puede convertirse en un pensamiento con resultados positivos?*

Por ejemplo: Ante cada circunstancia, una persona con pensamientos negativos siempre encuentra varios obstáculos o limitaciones. Una persona con pensamientos positivos, trata de encontrar posibles alternativas, salidas o soluciones hacia los diversos encuentros u obstáculos.

A continuación, se muestra una tabla, la cual provee ejemplos de diferentes clases de pensamientos.

Tabla 2: *Pensamientos negativos vs. Pensamientos positivos*

Pensamientos negativos	Pensamientos positivos
No sé puede	*Si se puede*
No tengo dinero	*Conseguiré el dinero*
No sé qué hacer	*Buscaré orientación e información*
No tengo tiempo	*Haré que me sobre el tiempo*
No tengo ánimo	*Buscaré motivación*
No tengo los recursos	*Buscaré ayuda*
Es imposible	*Hay alternativas*
Hay problemas	*Hay soluciones*

Como podemos observar al evaluar, analizar y comparar los rasgos de los diferentes tipos de pensamientos, encontramos que los *pensamientos negativos* provocan una paralipsis, mientras que los *pensamientos positivos* provocan acción y movimiento. Por consecuencia, un pensamiento positivo provoca fortaleza, ánimo, motivación e iniciativa. Por el contrario, un pensamiento negativo provoca debilidad, desánimo, inseguridad e incompetencia.

Pensemos, cuáles de estos pensamientos nos beneficia más y cuáles podemos aplicar para lograr nuestras metas. Seguramente todos elegiremos los pensamientos positivos, pero, qué pasa cuando nos ponemos a pensar para tener que contestar las siguientes preguntas. ¿De dónde venimos? ¿Quiénes somos?, ¿En dónde vivimos? ¿Cuál es el estatus social de nuestros familiares? ¿Cuál es el estado económico en que nos encontramos? Si siente que su vida no ha sido exitosa, probablemente sea debido a los pensamientos negativos. Por lo tanto: *¡La clave del éxito es un cambio de mentalidad!*

Éxito 9

Consejos sabios

Estos son una serie de consejos que le ayudarán a alcanzar sus metas. Todos estos consejos son basados en mis experiencias de vida.

- Busque siempre apoyo en aquellos que verdaderamente quieren que progrese.
- Nunca permita que el entorno a su alrededor nuble su vista.
- Enfóquese en lo que desea.
- Nunca se enfoque en las personas fracasadas, enfóquese en las personas que han tenido éxito.
- Nunca permita que personas fracasadas lo desanimen.
- Siempre busque consejos sabios en personas de edad avanzada o con alta experiencia.
- Nunca permita que las opiniones de los demás influyan en sus deseos, pensamientos y emociones.
- Respete siempre la diversidad de pensamientos. Recuerde que todas las personas son diferentes

respecto a sus experiencias, religiones y nacionalidades.
- Trate de lograr lo que se proponga.
- Comente sus logros después de obtenerlos y no antes, para que no caiga en críticas negativas que puedan desmotivarle.
- Nunca permita que las circunstancias familiares, laborales e influencias inculcadas por otros, desenfoquen el entorno de su meta.
- Tenga en cuenta que eres la máquina que devengas o devengarás dinero y otros quieren su dinero de forma fácil y sin esfuerzo.
- Antes de tomar una decisión con el dinero piense en el sacrificio que vivió para lograr obtenerlo.
- Si las circunstancias familiares le impiden crecer, busque ayuda de Dios. Verá que encontrará la salida correcta.
- Las personas que no tienen un plan o dirección impedirán que progrese; aléjese y póngase en ruta con quienes van en su misma dirección.
- Cuando el camino se le haga difícil o imposible de alcanzar persevere y si es posible descanse, pero no se detenga.
- Cuando el ambiente de su trabajo le imposibilite su crecimiento laboral, es tiempo de cambiar de dirección y buscar rutas o alternativas distintas.
- Nunca deje de educarse. La educación es sinónimo de sabiduría.

- Para lograr el entendimiento de lo desconocido necesita buscar información. A través de la lectura o en la búsqueda en internet, encontrará herramientas que le ayudarán a desarrollar su intelecto y podrá llegar a sus propias conclusiones.
- No piense en sus limitaciones, piense en el resultado final si ejecuta y logra sus metas.
- Haga ejercicios y coma sabiamente. Esto le ayudará a tener energía, motivación y enfoque, creando un gran espíritu mental para que pueda lograr sus metas. También le ayudará a aumentar su rendimiento laboral y tendrá mejor condición física. Su apariencia personal es bien importante. Por lo tanto, haciendo ejercicios y manteniendo una buena alimentación harás de ti una persona saludable y por consiguiente, prolongará su vida.

Parte III. Hábitos que se deben incorporar para lograr el éxito

Los hábitos que una persona debe implementar para la disciplina del dinero

Durante la adolescencia, fui una persona atlética, me dedicaba a cuidar mi cuerpo mediante la disciplina de ejercicios. Reconozco que a esta edad no sabía que estaba contribuyendo financieramente hacia mi futuro. Esto ha sido una de las claves que me ha ayudado a retener mi dinero. Con tan solo crear una rutina de ejercicios, combinada con una alimentación balanceada y saludable, ayudamos a conservar el dinero. ¿Cómo?

"Eventualmente una persona se puede ahorrar alta sumas de dinero en cuanto al alto costo de salud se refiere".

Por ejemplo: Usted puede ahorrar dinero evaluando los servicios médicos o planes de salud. Esta es una de las estrategias que debe tomar en consideración, ya que eventualmente le ayudará a economizar dinero.

Según los estudios médicos, para que una persona goce de un buen estado de salud física, mental y emocional, es necesario aplicar un buen hábito de alimentación en combinación de una rutina de ejercicio. Por ende, este hábito le ayuda al soporte físico, mental, emocional y económico.

Hábitos alimenticios

Los hábitos alimentarios aportan a tener una salud integral: física, mental y emocional. Los médicos y consultores en el área de la salud como, por ejemplo, los naturalistas recomiendan una buena alimentación. Recuerdo que en mi trayectoria escolar disfruté de una buena alimentación en las escuelas, donde cursé los estudios primarios, ya que cumplían con un buen menú para tener una alimentación saludable.

Por ejemplo: En el tiempo del desayuno, incluían cereales, leche y frutas. Estos contienen los nutrientes necesarios para poder adquirir la energía que se necesita para comenzar el día. Por consiguiente, el almuerzo cumplía con las proteínas, amino ácido, carbohidratos y entre otros nutrientes recomendados por los especialistas en la salud.

Quienes tuvimos la oportunidad y la experiencia, recordaremos que durante el trascurso escolar nos proveían una porción de alimentos adecuados. Dicho sea de paso, tengo que reconocer que los comedores escolares del Departamento de Educación en Puerto Rico, proveen una gran variedad de alimentos y, de esa manera, les enseñan a los niños cuáles deben ingerir para tener una buena alimentación balanceada.

Lamentablemente hay algunos niños que no gozan de esas enseñanzas y experiencias, ya que no se le presta atención o no se le da la importancia necesaria hacia el cuidado correcto de la salud. A veces, las personas esperan estar enfermos para tomar conciencia de lo importante que es tener una buena alimentación balanceada. Por ende, muchos de nosotros cuando llegamos a la edad adulta, dejamos esas destrezas de hábitos alimenticios que tuvimos durante el desarrollo de la época escolar.

Según las orientaciones de los consultores nutricionistas, uno de los errores más comunes que cometemos, en cuanto a una buena alimentación, es que debido a las tareas laborales y rutinarias no hacemos las meriendas requeridas entre cada comida. Esto provoca que, al llegar la hora de ingerir alimentos, tengamos más hambre de lo acostumbrado, dando a lugar a que se ingiera una porción de alimento más de lo recomendado. Por ende, tenemos que aprender hacer meriendas entre comidas para poder controlar las porciones necesarias que son requeridas para la salud y el bienestar de nuestro cuerpo.

Tomando la alimentación como un hábito que debemos considerar, es importante hacer énfasis en el dinero. Por ejemplo, el alto costo de la salud ha llegado a crear un extraordinario negocio hacia el cuidado de la salud por causa de nuestro propio descuido e irresponsabilidad. Por consiguiente, uno de los factores necesarios para ayudarle a ahorrar dinero es recordar cuáles son las áreas de alimentación nutritiva que debemos mejorar para prevenir gastos futuros e innecesarios.

En adición, la persona que decide no darle importancia a los hábitos alimenticios, escoge vivir una *vida **no saludable**,* lo que se considera un descuido inminente hacia su futuro. En cuanto a dinero se refiere, esas personas no saben que están contribuyendo hacia el fracaso económico. Pues, mantener un cuerpo no saludable sale más costoso.

Por otro lado, si mantiene hábitos alimenticios en combinación a una rutina de ejercicios, le ayudará a conservar un buen estado de salud, el cual, a su vez, le ayudará a prevenir enfermedades o condiciones físicas y mentales. Entre los síntomas de las enfermedades causadas por causa del descuido alimenticio encontramos las siguientes: estrés, ansiedad, depresión, alta presión, problemas cardiacos, respiratorios, problemas de la circulación sanguínea, dolor de espalda, espasmos, dolores musculares o en las articulaciones, varios tipos de cáncer, colesterol, infertilidad, osteoartritis, síndromes metabólicos, úlceras en la piel, entre otras enfermedades más. Alguna de estas condiciones puede llevar a una persona a la muerte.

En cuanto a dinero se refiere, estas condiciones son el sinónimo de la llegada fácil del dinero a través de los productos farmacéuticos. Si es una persona que no hace ejercicio, le recomiendo que empiece pronto para que luego no tenga un alto costo de salud. Es recomendable hacer ejercicios debido a que es una disciplina que provoca una alta motivación personal, fortalece el cuerpo y le brinda más rendimiento laboral. Por ende, esto le ayudará a prolongar sus años vida, tiempo que disfrutará junto a quienes amas.

Hábitos de ahorro

La disciplina del ahorro del dinero es una de las técnicas que me ha ayudado a lograr el cumplimiento de mis metas. Este método me ha proyectado una visión hacia **un cambio de mentalidad** en cuanto a la *seguridad personal, emocional, un sentido de bienestar económico, progreso y prosperidad.* Por lo tanto, mantener una educación continua de hábitos de ahorros, le ayudará a desarrollar las destrezas necesarias para expandir el conocimiento tras las diferentes ideas, técnicas y estrategias de ahorro. ¿Cuáles son estas ideas? Son las que he compartido a través de este libro.

El área de consultoría financiera siempre se ha recomendado empezar con un plan de ahorros. Entre las recomendaciones que se proveen son:

- Abrir una cuenta bancaria de ahorros.
- Hacer un **plan** a corto y a largo plazo.
- Inversión, entre otros.

A continuación, una lista de recomendaciones para ayudarle a acelerar el proceso de los ahorros.

Para desarrollar el conocimiento en el área de ahorro del dinero, les proveo una serie de ideas, técnicas y estrategias.

- Leer libros para desarrollar hábitos de ahorros.
- Ver videos en *YouTube* para aprender a economizar, ahorrar e invertir.
- Ahorrar todo el dinero que llegue inesperadamente.
- Implemente el método de ahorro entre los intereses devengados, tras el saldo de deudas.
- Evite cambiar de autos con deudas continuamente, pues su valor de depreciación se lo añaden a la próxima cuenta por heredar.
- Invierta en propiedades que puedan generar dinero o que provea equidad, *(Equity)*.

Por ejemplo: Una propiedad salda que pueda alquilar devengará una entrada de dinero, el cual puede volver ahorrar o invertir.

- Mantener un carácter de pasividad, firmeza y control que le permita estar enfocado en otras actividades de su vida. Esto previene el descuido y la negligencia provocada por errores que se atribuyen a la pérdida del dinero. Ej. Descuido de un celular, cartera, automóvil, etc.
- Cuide sus dientes. Esto le evitará altos costo en dentadura.
- Brinde un mantenimiento apropiado a los autos, las casas y todo equipo que lo requiera Esta técnica le llevará a ahorrar significativamente, pues contribuirá a que las propiedades y equipos se conserven.
- Compre e invierta en lo que necesita. No compre cosas para engavetarlas. Recuerde que estas, a su vez, ocupan espacio.
- Evite ir a los lugares que le consuman dinero.

Por ejemplo: Evite los pasatiempos en áreas de negocios. Estos proveen la tentación de que compre algo que crea necesario.

- Mantenga el control de sus emociones. Ejemplo: Comúnmente hay personas que ofrecen servicios de seguros, celulares,

internet, y todo tipo de productos. Estas personas tienen la habilidad de crear un estado de necesidad que no posee y a esto se le llama **mercadeo**. Cuando has llevado una vida sin el servicio que estos proveen, significa que lo que están ofreciendo no es una necesidad, solo es una comodidad o facilidad. Nunca permita que le cautiven bajo un escenario de decisiones financieras, bajo presión, ni apresuración. Usted es quien debe tener el control de sus emociones. Por tanto, no se deje influenciar por otros.
- Aprenda a invertir su dinero **sabiamente**. Esto se logra haciendo las siguientes preguntas: ¿es necesario? ¿se puede vivir sin esa inversión? ¿es la mejor compra? ¿me ayuda en aspectos emocionales, familiares, sociales, espirituales, o laborales? ¿perderá su valor? ¿requerirá un mantenimiento costoso? Estoy seguro de que estas preguntas le ayudarán a tomar decisiones sabias en cuanto al uso y manejo del dinero.
- Haga un plan de control para las situaciones no esperadas o situaciones de emergencias. Este plan le ayudará a evitar impactar sus ahorros, inversiones, retiros y dinero para el disfrute personal y familiar.
- Tenga otro plan adicional solo para los gastos del cuidado de salud. Este plan evitará que

pague un alto costo por el plan de salud, incapacidad o seguro de vida. Ahorrar para su salud significa que, si no se enferma o no hace uso de sus ahorros, *siempre tendrá a su favor y de su lado su propio dinero*. Por lo tanto, evalúe si es una persona de alto riesgo para decidir si le conviene ahorrar o asegurar su vida y su salud, a través de una costosa *póliza de seguros*.

Aunque las aportaciones hechas hacia los diferentes tipos de ahorros no sean de grandes cantidades, le aseguro que cuando sume todas las inversiones de ahorro el resultado de este será uno abrumador y sorpresivo. A esto le llamo *"el juego de la manipulación de la mente"*. Si cree que es una persona que no puede ahorrar dinero le pongo el siguiente ejercicio:

Analice: Existen tres personas que tienen el mismo salario por horas devengadas. Una de las personas trabaja pocas horas. La otra persona trabaja según el promedio de la población. Y la tercera persona trabaja por encima del promedio de la población de trabajadores.

Pregunta: *¿Cuál de las tres personas genera más dinero?*

La respuesta a esta pregunta va dirigida a seleccionar a la persona que trabaja por encima del promedio de la población. Por lo tanto, si quieres tener más dinero que los demás, dedícate a trabajar más horas diarias. Cuando estés un tiempo dedicado a esta disciplina, entenderás porqué pocas personas pueden estar por encima de los demás. Esto conlleva un enorme sacrificio, esfuerzo, dedicación y empeño. Luego del sacrificio y de esperar la ***cosecha del cultivo,*** podrán gozar y disfrutar del fruto obtenido. Las personas que aplican este concepto son de las que aprenden a enriquecer su vida, sin dinero, mientras llega la bendición y la abundancia.

Estas y otras recomendaciones son las que le ayudarán a sobresalir y llevar la delantera de quienes no han comenzado este proceso. Si mantiene todos estos ajustes le garantizo que tendrá prosperidad económica. De lo contrario, si no toma con seriedad estas recomendaciones se tomará el riesgo de ser una persona en *esclavitud financiera.*

La esclavitud financiera es una de las causas que provocan, desespero, ansiedad, preocupación, estrés, problemas personales, sociales, familiares y que, por ende, ocasiona consecuencias peligrosas, las cuales se reflejan en su estado físico, mental y emocional. Como consecuencia, impactará su área laboral y el entorno que le rodea. La esclavitud financiera es una condición que puede llevar a una persona a estar viviendo en un estado de servidumbre acompañado de preocupaciones y frustraciones. Yo comparo el concepto de la esclavitud financiera con un cáncer, ya que provoca inestabilidad y deficiencia económica en las circunstancias cotidianas de vida. Los síntomas de una esclavitud financiera pueden conllevar a la pérdida de apetito, insomnio, ansiedad, distorsión de enfoque, desesperación en la toma de decisiones, entre otros.

Por consiguiente, para poder estar libre de preocupaciones y a su vez lograr tener paz, tranquilidad, estabilidad y sanidad es recomendable seguir lo estipulado anteriormente. Si logra aplicar todos estos conceptos en los rasgos financieros, podrá escapar de las tensiones provocadas por los gastos excesivos o deudas atrasadas que resultan en una conciencia clara y control emocional.

La obediencia y el compromiso hacia lo correcto nos llevan a obtener la confianza para que el *Gran Creador* deposite su fortuna en nuestras manos. Recuerde, que nuestro **Dios** es sabio y no deposita su fortuna en manos de los malos administradores. Aunque somos humanos propensos a cometer errores, siempre habrá un plan de control financiero. Según el resultado de este plan podemos tener una vida saludable, llena bendiciones tales como: paz, felicidad y prosperidad.

Aplicar las recomendaciones de los ***hábitos de ahorro***, serán la clave que le ayudarán a desarrollar una personalidad llena de éxito. Una personalidad de éxito la tiene aquella persona que logra lo que se propone. Por lo tanto, si aprende a caminar las rutas del *juego de la vida*, descubrirá que el éxito de las personas dependerá de aquellas que verdaderamente sepan jugarla.

Si **no** ahorra, le recomiendo que empiece a hacerlo para que pueda vencer el monstruo de las depresiones económicas. Si hace lo correcto y aplica las destrezas necesarias de la disciplina del ahorro podrá desarrollar la armadura de bienestar, estabalidad, confianza, energía y fortaleza para que gane la batalla del éxito económico.

Confieso que yo tenía las cualidades del **Sr. Tonto** con relación a la toma de decisiones del manejo del dinero y la influencia de otros (más adelante comprenderá cuales son estas cualidades). Pero me di cuenta de que tenía que levantarme y comenzar a caminar. Mediante el transcurso de mi vida, ante las dificultades económicas y necesidades, empecé a cuestionar qué es lo que nos lleva a pasar por necesidades económicas. Por experiencia vivida sabía que la ***mala administración*** era la contestación hacia esta inquietud. Pero, cuando las personas se me acercaban pidiéndome dinero y les preguntaba qué era lo que le había llevado a tal extremo, estas personas inmediatamente, hacían una pausa, pensaban, y con tristeza excusaban la causa de su problema.

Al observar continuamente este tipo de conducta descubrí que las personas alimentaban su *ego* ocultando la falta de errores cometidos. El ego es una apariencia de percepción de imagen hacia los demás. Como proveedor, ante la situación de desespero y desahogo, buscaba la manera de ofrecerles alternativas y sugerencias para que estos pudieran enfrentar tal situación. Pero al parecer la mentalidad incrustada en estas personas era que no había solución, entonces defendían su causa bajo el famoso ganador de peleas: "**no se puede**". El favorecedor del *no se puede* era tal que la persona en necesidad defendía su argumento con gran actitud de confianza y firmeza. En ocasiones observaba a las personas exponiendo su versión de defensa como lo hacen los abogados, con evidencia tras los eventos vividos. Pero, *¿qué realmente lleva a las personas a apoderarse de tal actitud?*

Lo que llevaba a las personas a tomar esta actitud es que tras intentarlo una y otra vez obtenían resultados positivos de la persona que ellos entendían les podía sacar provecho. Bajo estas y otras circunstancias las personas creaban un estado de dependencia y dejaban de ser productivos. Para esas personas era más fácil que otro los mantuviera. A este concepto le llamo *parásitos financieros.*

Los parásitos financieros son aquellos que se dedican a consumir o a vivir de las finanzas de otros. Este tipo de actitud o conducta las observamos en personas que, teniendo la capacidad para producir, deciden recostarse de los demás creando un estado de dependencia humana.

"El árbol que da sombra es la oportunidad para que las personas busquen su cobijo".

Yo tuve muchos parásitos financieros, aunque no los veía de esa manera. Pues, la respuesta emocional que daba era que había nacido con buenas cualidades para ayudar a otros. De hecho, hubo personas que elevaban mi autoestima diciendo que era buen proveedor. Ante estas circunstancias no me daba cuenta de que las personas se estaban aprovechando de mi nobleza. De hecho, los líderes de la iglesia consideraban que esta acción era una actitud cristiana que le agradaba a Dios. Además, debido a mi crianza y según lo que aprendí, me hicieron dejarme llevar por el "qué dirán". Muchas veces las críticas sociales nos llevan a cohibirnos de nuestros propios deseos, emociones y hasta de nuestra libertad.

No fue hasta años más tarde, luego de obtener una gran educación, que entendí que estaba confundiendo la gimnasia con la magnesia. Esta confusión me llevó a tomar decisiones erróneas, ante lo que entendía era correcto. Entonces, me percaté que fui una *piedra de tropiezo* que les impidió a otros que progresaran.

Por ejemplo: *Había provisto sustento a aquel que podía ser útil.* Este tipo de actitud me impedía llegar a la **meta** personal y económica.

Por otra parte, lamentablemente, vemos como muchos padres contribuyen al parásito financiero tras el famoso *mantengo*. Los padres que tuvieron un estado de vivencia donde carecían de recursos económicos, prefieren darle a sus hijos todo lo que ellos no pudieron tener. Por consiguiente, no es hasta años más tarde que estos se dan cuenta de que lo que han construido es una enorme barrera que les impide el desarrollo personal a sus hijos, quienes no estarán preparados para enfrentar las batallas y las circunstancias de la vida económica.

"Si le damos todo a una persona nunca va a tener la iniciativa de buscar las herramientas necesarias para poder enfrentar la vida".

Este es uno de los argumentos que hace que una persona desarrolle una actitud de dependencia. Crea en ellos una visión de esperanza de que otros le ayudarán o le proveerán lo que necesita.

Mi intención no es ofender cuando uso el término: parásitos financieros. Si ha sido parte de esto y no ha podido crecer financieramente o llegar al nivel que usted desea, le invito a reflexionar en lo siguiente.

Pregunta: ¿Qué tal si papi y mami mueren? ¿Quién nos va a sustentar?

Antes de un hijo hacerse esas preguntas, el padre debe haber hecho provisión y tener un plan de protección para su familia. Si como padre no lo ha hecho, debe comenzar ya. Empiece a preparar a sus hijos o familiares en casos de que usted falte. Si seguimos proveyéndole todo a nuestros parientes, vamos a estar contribuyendo hacia una conducta que les atribuye una visión de dependencia, lo cual puede llevarlos a un estado de *parásitos financieros*.

Piense y determine si usted tiene parásitos financieros. De ser así, le daré la siguiente medicina, efectiva para este tipo de conducta. Esta medicina le ayudará a eliminar lo que ha provocado que no progrese o aquello que le impide completar **sus metas, anhelos y deseos**.

El análisis consiste en la evaluación de un escenario aprendido tras la educación financiera. El siguiente escenario es uno modificado y desarrollado, según mi visión.

Escenario:

Luego de leer la lectura de análisis, seleccione en cuál de las columnas (A, B, C), se encuentran los siguientes personajes:

Familia conocida   COLUMNA____.

El amigo sabio   COLUMNA____.

El Sr. Tonto   COLUMNA____.

COLUMNA A	COLUMNA B	COLUMNA C
fortaleza	*debilidad*	*dependencia*
valentía	*cobardía*	*comodidad*
carácter	*pena*	*adaptación*
iniciativa	*esperanza*	*costumbre*

Análisis de una anécdota sobre el Sr. Tonto, el amigo sabio y la familia conocida.

Un día el *Sr. Tonto* llevó a *el amigo sabio*, a la casa de una *familia conocida*. La intención del *Sr. Tonto* era que *el amigo sabio* observara las condiciones de vida en que estaba la *familia conocida*. Ante una época de desarrollo económico tras la industrialización, el comercio, la tecnología, y el progreso, la *familia conocida* todavía acostumbraba a vivir ante un estilo de vida campesino. Estos vivían en un rancho, dependían de sus animales para su sustento diario.

Cuando ambos llegan al lugar, *el amigo sabio* le preguntó a la *familia conocida* cómo era que estos sobrevivían. La *familia conocida* les contestó que dependían de una vaca que les proveía leche.

También, tenían cabros y gallinas los que les proveían carne. Cuando *el amigo sabio* se marchó, el *Sr. Tonto* le preguntó, cómo él podía ayudar para hacer que la *familia conocida* prosperara. *El amigo sabio* le respondió que lo que debía hacer era coger la vaca, sus cabros y todos sus animales, y tirárselos por un barranco. Ante esta exorbitante respuesta el *Sr. Tonto* se quedó aturdido y se marchó hacia su hogar pensando cómo e*l amigo sabio* podía ser tan cruel ante tales circunstancias.

Luego de que *Sr. Tonto* tomara su tiempo para reflexionar, decidió hacer lo que *el amigo sabio* le había recomendado. Cuando el *Sr. Tonto* actuó y logró su objetivo, le dio un gran cargo de conciencia, pues no creía en la horrorosa y brutal idea de quitarle el sustento a la *familia conocida*. Los animales eran su única fuente de sustento diario.

Años más tarde, el *Sr. Tonto* regresó a la casa de la *familia conocida* para confesar y disculparse por el acto cometido. Cuando se acercó al lugar donde aparentemente estaba el rancho, observó que este ya no existía. En su lugar se había construido una hermosa casa.

El *Sr. Tonto* sorprendido, paralizado y aturdido, le preguntó a la *familia conocida* cómo se había logrado tal hazaña. La *familia conocida* comentó que en un tiempo atrás ellos dependían del cuidado de animales para su sustento alimenticio.

Pero una noche vivieron una tragedia, sus animales habían desaparecido, quedando ellos sin manera alguna de sustento. Luego de un largo momento de tristeza, desesperación, estrés y depresión, tomaron la iniciativa de salir a buscar ayuda en el exterior. Mediante la búsqueda e indagación descubrieron que existían múltiples formas de ayuda y entonces, pudieron realizar lo que verdaderamente eran sus sueños. Aunque la situación que pasaron no fue una agradable, para su sorpresa hubo personas que desearon cooperar para suplirle los recursos que necesitaban y pudieron construir su hermoso hogar.

Luego de marcharse el *Sr. Tonto* comprendió que *el amigo sabio* tenía toda la razón. Si no hubiera lanzado los animales por un barranco, probablemente la *familia conocida* todavía estuviera dependiendo de su mantengo.

Pregunta: ¿En qué columna se encuentra los siguientes personajes? *El Sr. Tonto, familia conocida y el amigo sabio.*

Luego de observar, analizar y comprender el escenario podemos asegurar y llegar a la siguiente conclusión:

Familia conocida   COLUMNA _ **C** _.

El amigo sabio   COLUMNA _ **A** _.

El Sr. Tonto   COLUMNA _ **B** _.

Ante el escenario expuesto, mi intención es mostrarle una visión que contribuya hacia **un cambio de mentalidad.** La falta de visión y creatividad lleva a una persona a tener las cualidades presentadas en la columna C. Por lo tanto, ¿cuál de estas columnas, crees que es la más conveniente para su propio bienestar de progreso, salud, estabilidad, paz, amor y felicidad?

Dado a estas circunstancias, en ocasiones tenemos que pasar por situaciones dolorosas incurriendo en pérdida de sustento para ascender a un estado de prosperidad. Si actuamos de acuerdo a las virtudes y cualidades de *El amigo sabio*, seguramente podremos llegar a lo que verdaderamente anhelamos.

CAMBIO DE MENTALIDAD

Lo que permite el éxito personal es aplicar ***un cambio de mentalidad, lo que le llevará a escalar al éxito.***

Reflexión

Mi visión y objetivo es que cada persona pueda hacer una evaluación de sí misma para lograr lo que desea, a través de *un cambio de mentalidad*. Mediante la perspectiva de su desarrollo, proceso y aplicación de una personalidad visionaria y creativa, experimentará un cambio de mentalidad para lograr su éxito personal.

Por eso, presento el escenario de diferentes aspectos de la vida para que usted pueda entender y llegar al convencimiento de que todo en la vida tiene solución.

Por ejemplo: Para quien crea que su vida ha sido y seguirá siendo una desgracia es compulsorio tener las herramientas para proclamar un ambiente sano lleno de éxito y prosperidad.

El enfoque de este mensaje va dirigido a otorgarle el conocimiento para que pueda reconocer su propia personalidad, así podrá impactar y, a su vez, provocar un cambio real y positivo.

Mediante este estudio se podrá otorgar un análisis de cómo es que las personas fallan y mediante este enfoque propiciar las herramientas necesarias para motivar al ser humano a actuar en relación a los aspectos positivos de la vida, según los deseos del hombre y su propósito en Dios.

El *cambio mental* o esta actitud de enfoque proyecta el éxito en la vida a través de las emociones sentidas y transmitidas tras el deseo personal de querer triunfar que incluye: la relación social, familiar, espiritual y el área financiera. Para poder llegar a este éxito, uno de los factores necesarios a tomar en consideración es evaluar el porqué hay personas que se sienten derrotadas por sus problemas y las frustraciones cotidianas de la vida.

Por ejemplo: Situaciones que provocan que la gente se queje y se sienta en un ciclo desesperado de impotencia e incertidumbre, aunque estos luchen por su progreso.

Esta situación puede dar resultado a una mentalidad que enfoca el convencimiento propio de que no hay salida. Pero, somos nosotros mismos quienes hemos acondicionado esa mentalidad. Nos pasamos pensando en cuándo es que nos llegará la bendición y no hacemos nada para obtenerla. Y a través del mensaje de este libro, les he mencionado cuales son las áreas en que debemos enfocarnos para cambiar una mentalidad de fracaso o de problema.

En palabras sencillas, mis inquietudes van dirigidas a cómo mejorar su forma de vida o la situación en que se encuentra.

Los seres humanos que carecen de recursos económicos, intelecto, motivación o interés se preguntan: *¿Cómo puedo obtener las cosas que he soñado?*

Pero lo peor del caso es que no han plasmado **un plan o una meta** para lograr lo que anhelan y dejan que la vida pase. Y es aquí donde tenemos que dar nuestro primer paso. Tenemos que evaluar cuáles son sus metas y hacia dónde usted se dirige. Las personas que no son exitosas, posiblemente piensan en los problemas o impedimentos para alcanzar sus **metas**. Por otro lado, las personas exitosas piensan en las posibilidades o soluciones para afrontar cada reto durante la trayectoria de su meta. Y existe un sinnúmero de relatos que dicen que antes de comenzar la meta el escenario parecía bien temeroso, pero al alcanzar la meta muchos de los posibles obstáculos proyectados nunca ocurrieron y obtuvieron un triunfo más rápido y seguro. Le pregunto:

¿El éxito depende del gran deseo de querer triunfar o depende de las circunstancias?

Cuando analizo este argumento me acuerdo de una conversación que tuve con unas de mis hermanas cuando le pregunté si era imposible para una persona poder viajar desde el lado oeste de la isla de Puerto Rico hasta la capital sin vehículo, familiar o amistad que le brindara trasportación, adicional a eso estar sin dinero y sin alimentos. Mi hermana me contestó que era imposible, ya que se necesita tener un vehículo, dinero para la gasolina, transportación y para la alimentación. Tan pronto me dijo que era imposible, yo le recordé que, en un momento dado en mi vida, pasé por esas circunstancias para poder cumplir una meta. La **meta** era que, para poder tomar el examen de ingreso para ser policía, debería viajar desde el pueblo de Las Marías al Cuartel General de la Policía ubicado en área de San Juan, Puerto Rico. Si analiza este escenario comenzará la ruptura del *Titanic* y se nos hunde el barco.

Cuando pasé por esa experiencia, tenía muchas limitaciones: poca educación, falta de confianza, impedimento para poder hablar o expresarme claramente, falta de trabajo, dinero, apoyo familiar, entre otros. Pero las circunstancias de vida no fueron suficientes para impedir mi desarrollo y superación personal. Ante la desesperación de poder sobresalir, tuve que dejar mi orgullo a un lado y dirigirme hacia las personas que tenían vehículos para pedir transportación. En adición, tuve que salir a pedir trabajo, casa por casa, para generar dinero y así pagar peajes, el viaje y para la alimentación. ***Pero, lamentablemente no tuve***

éxito en conseguir dinero, trabajo, ni transportación. El apoyo familiar era nulo y las circunstancias cada vez azotaban más duro.

Con la idea de no darme por vencido, utilicé como recurso solicitar ayuda en el Municipio de Las Marías donde yo vivía. Como resultado, el propio alcalde asignó un vehículo y un chofer, así que no solamente viajaría ese día, sino que iba poder realizar todos los viajes pendientes. Y ese es el resultado del ***esfuerzo*** realizado, tras querer cambiar las circunstancias de mi vida para poder triunfar. Esto me ha llevado a creer que hay un ser interior que nos brinda fortaleza y que a su vez aclara el camino para que una persona pueda permanecer. *¡Los cristianos llamamos este ser interior Jehová, Dios o Jesús!*

Aunque, en la primera ocasión tuve que realizar un viaje sin dinero, sé que Dios puso ese ángel en mi camino para que yo no tuviera que pasar hambre. Porque cuando no tuve dinero, el chofer me pagó la comida.

Analizando este pequeño escenario puedo entender que, para lograr mi **_meta_**, se presentaron varios obstáculos como: la falta de dinero, la transportación, limitaciones emocionales y falta de apoyo. Y lo que provocó el resultado final fue **creerle a Dios, tener confianza y persistencia** ante cada circunstancia. Cuando pasamos por momentos difíciles se desarrolla **sentido de valentía, carácter,** *perseverancia, **actitud positiva** y de **firmeza***; a su vez, se crea la armadura que provee Jesucristo para debatir al enemigo ante toda circunstancia. No podemos darnos por vencidos, antes de comenzar el primer paso o dar la batalla. Debemos **confiar**, tener *fe* y encomendarnos **a Dios** en todo momento. La vida está llena de misterios. Solo los que descubren este misterio son los que se lanzan al reto. Hay que ser **valiente, persistente**, y tener ese **apoyo** que provee Jesucristo. Espiritualmente, el lema de ***no darse por vencido*** es una de las claves esenciales, ya que en Cristo **todo** se puede. Por cierto, les digo que en la vida vamos a pasar por distintos escenarios que impedirán que crezca nuestra felicidad, confianza y relación con Dios. Por lo tanto, no debemos avergonzarnos o darnos por vencidos en lo que hemos creído. Aunque las circunstancias de la vida azoten duro, estas experiencias nos ayudarán a dar fortaleza a quien verdaderamente lo necesite. Como escritor creo que mi propósito es compartir lo que experimenté y los logros que alcancé.

Hay ocasiones en las que tenemos que vivir una vida de situaciones disgustosas, vergonzosas y desdichadas, porque no tenemos el valor de levantarnos y cambiar las circunstancias. ¡Levántate y comienza a caminar!

"Luego de alcanzar una meta, abre paso a desarrollar la confianza para dar indicio a la próxima meta".

Tras haber logrado mi meta de ser policía y haber obtenido la experiencia, esto me impulsó a plantear una nueva meta, retirarme a temprana edad. A pesar de tener una personalidad humilde tuve que **desarrollar carácter** para evitar ser criticado y arrastrado por los demás. Así que para poder cumplir con mi **meta** de tener libertad laboral decidí mantener silencio, desviando conversaciones con respeto a las creencias y pensamiento de otros.

Por ejemplo: Las personas que me preguntaban que hacía, solo decía que estaba envuelto en planes personales.

Por consiguiente, esta conducta me permitió obtener la libertad laboral deseada.

Obtuve la oportunidad de descansar y poder completar el próximo nivel educacional.

Entonces, alcancé el grado doctoral en *Doctor of Management of Homeland Security*. Este logro fue el resultado de un compromiso total, evité involucrarme en aspectos sociales y familiares para poder llegar a completar la meta máxima de mis estudios universitarios.

"Muchas veces tenemos que hacer sacrificios de no participar en actividades familiares, sociales y de amistades para poder llegar a la meta".

Aunque suene un poco egoísta en este último texto, la libertad que obtuve fue un resultado planificado y luchado por años. Había pasado un largo periodo de tiempo de *sacrificio y perseverancia* para disfrutar de lo que por años había trabajado. Este logro me llevó a tomar decisiones para evitar que otros tomaran beneficio, solo comparto mi éxito con las personas que estuvieron presentes durante esta trayectoria. Aunque a través de este libro comparto mi éxito, otra de mis **metas** es plantar la semilla para ayudar a las personas que han sido oprimidas por otros o que sencillamente se han dejado arrastrar por las circunstancias.

Mi deseo personal es fortalecer a aquella persona que piense que esta desamparada o que no tiene las herramientas para salir hacia adelante. Estoy seguro que este libro le servirá de base y guía para así evitar que tenga que pasar por situaciones dolorosas como las que yo pasé. Por lo tanto, luego de adquirir el conocimiento, la experiencia y las destrezas para lograr ser una persona de mentalidad sumamente exitosa, quiero compartir las herramientas que me ayudaron para que también pueda lograr tener progreso, superación y **un cambio de mentalidad.**

Por otro lado, quiero compartirles sobre mis experiencias vividas, tras la Guerra de Afganistán, cuando me hice muchas preguntas respecto a la vida.

Por ejemplo:

- ¿Por qué yo tenía que estar en una guerra para poder mejorar mi calidad de vida, mientras que otros no tienen que pasar por esos sacrificios?
- ¿Cuál era el propósito de estar en un desierto?
- ¿Por qué estaba en el mismo nivel con las personas de poca educación?

Por las vivencias en el desierto, estas preguntas y otras inquietudes venían a mis pensamientos. A través del tiempo, he podido contestarlas con el conocimiento adquirido y experiencias vividas. Actualmente, he comprendido que haber estado en un desierto fue una verdadera escuela, llena de experiencias vividas, las cuales me han ayudado a otorgarle valor al sentido de la vida y a las cosas que existen a nuestro alrededor. Según mi experiencia, he podido valorar lo que tengo como, por ejemplo: mi esposa, familia, propiedades, y especialmente la naturaleza que es parte de la gran obra de la creación de Dios.

Cuando pasé por la vivencia abrumadora de un desierto, al estar separado de lo que tenía a mi alrededor noté y comprendí que, en mi país de crianza, tenía ríos, montañas, árboles, pájaros, entre muchas cosas más. En Puerto Rico, podía respirar aire fresco y disfrutar de la libre comunidad, teniendo paz y tranquilidad; tantas otras cosas que tenía y no valoraba. Por lo tanto, si eres una persona que va en búsqueda del dinero, primero ponte en contacto con la naturaleza para que puedas entender lo que verdaderamente anhelas y aspiras en tu corazón.

Durante el tiempo que estuve en el ejército, tuve la oportunidad de compartir con personas que habían migrado hacia los Estados Unidos. Estos se habían plasmado como *meta* la oportunidad de Ingresar a las Fuerzas Armadas. Para ellos era un gran reto, pero aprovechaban la oportunidad de trabajo y asumían la responsabilidad de mantener a sus familias a través de su salario. Sus metas estaban enfocadas a que luego de lograr la ciudadanía, aprovecharían la oportunidad e ingresarían a sus familiares a los Estados Unidos y así lograrían estar juntos nuevamente.

Veía este escenario continuamente, soldados que arriesgaban sus vidas, lanzándose hacia lo desconocido para poder encontrar un buen porvenir. Si estos soldados arriesgaban sus vidas, ¿por qué correr un riesgo para tener el éxito personal? Existen muchas maneras de lograr el éxito sin tener que arriesgar la vida. **Piense**, cuál puede ser su camino para trazar un plan. De encontrar su camino, en la sección de Anejos, le adjunto un diseño de un plan de vida. En esta sección encontrarás la tabla 3, *Balance de vida para lograr el éxito personal*, la cual le servirá de guía para que pueda hacer su plan. También, deberá utilizar la sección de *Plan Financiero* para que pueda tener un control de sus gastos, a través de sus ingresos.

Si todavía está pensando si proseguir o no con un nuevo plan, le presento esta última y pequeña experiencia.

En una ocasión tuve la oportunidad de sentarme a comer con una persona de edad avanzada en el Departamento de Veteranos. Ante su apariencia de algunos 90 años de edad, tuve el atrevimiento de preguntarle cuál era el secreto de la vida. Él me contestó que *la vida es un proceso de enseñanza y disfrute* que a través del tiempo otorga la experiencia. Seguido le pregunté: si tuviera la oportunidad de regresar en el tiempo, ¿qué hubiera hecho diferente? ¿se arrepiente de algo que haya hecho? Ante un profundo suspiro, me dio una mirada de decepción como si no hubiera podido cumplir con un deseo o algo importante en su vida.

Su respuesta fue que se arrepentía de momentos en los que sencillamente no hizo nada, oportunidades que dejó pasar. Eso podía deberse a la falta de carácter, inseguridad y valentía. El miedo le impidió realizar lo que verdaderamente anhelaba. Seguido a esto, reflexionó diciendo que la vida es como un tren que cuando se detiene te da la oportunidad para subirte y emprender un viaje. Mencionó que las oportunidades en la vida suelen acontecer por sorpresa y si no las aprovechamos, ciertamente nunca volverán a ocurrir.

Por lo tanto, respecto a su plan, **sus metas y objetivos**, esta es la oportunidad perfecta para que pueda emprender un nuevo viaje. Los conocimientos, destrezas y enseñanza a través de este libro son la base para sentar los cimientos de tu árbol de vida. Esta es la oportunidad perfecta para dejar tu desierto y alcanzar el triunfo de tus sueños. No lo piense, actúe y comience ya.

Conclusión

El éxito financiero se caracteriza por la búsqueda constante de rasgos positivos para que estos puedan ser aplicados a nuestras vidas. Con educación continua, proyección de pensamientos positivos y con una mentalidad de cambio, podemos alcanzar lo que verdaderamente deseamos. En ciertas circunstancias, el éxito dependerá del sacrificio y del esfuerzo ejercido. Por lo tanto, una meta pude ser lograda con enfoque, dedicando tiempo en la práctica y aplicando las técnicas necesarias en torno a la disposición de la misma.

No obstante, no es necesario ser una persona millonaria para que pueda ser exitosa. Los distintos escenarios y las dificultades pueden ser parte del proceso del descubrimiento del éxito. En mi escenario de vida los obstáculos representaron una oportunidad para mejorar mi trayectoria. Por consiguiente, la desesperanza, la incertidumbre o la necesidad personal pueden abrir paso al descubrimiento de nuevas ideas como, por ejemplo: el desarrollo de talentos que posees, lo cual tan pronto son visibles, el esplendor de su luz otorga un brillo con resultados positivos.

"Por cierto, les digo, que una neblina puede oscurecer un camino incierto que no se ve, pero que está presente y solo hace falta proseguir hacia adelante para ver la luz al final del camino".

El tener una vida saludable llena de alta calidad, utilizando lo que tenemos y buscando lo que necesitamos, le ayudará a sentirse una persona próspera y exitosa. La clave del éxito está en la mente, tras el deseo de querer triunfar en la vida. Solo es necesario tener enfoque y control a través de sus emociones, sus acciones, sus conocimientos y de su personalidad. Por lo tanto, el resultado final del éxito es creer en ti, actuar y compartir con los demás lo que verdaderamente somos.

¡Un cambio de mentalidad es la clave del éxito!

Plan futuro

Plan de Dios para con Vicente (puede poner su nombre).

En cuanto un *plan*, ya sea a corto o a largo plazo, Dios ya tenía uno trazado para mí. Solo que yo no reconocía cuál era su plan. Ahora entiendo porque mi madre y compañeros de trabajo alguna vez me dijeron: *"escucha la voz del Señor"*.

Ahora entiendo cuál es mi propósito en la tierra, en este lugar lleno de seres tan extraños. Por ejemplo, cuando trabajé en el área de investigaciones en la agencia de la Policía me preguntaba por qué los querellantes peleaban y discutían por cosas insignificantes o sin sentido, por cosas que no tienen valor o que se podían arreglar con solidaridad y entendimiento. La respuesta a este asunto es que somos seres diferentes, con pensamientos y actitudes distintas que impactan y colisionan unas con otras.

"Una persona de origen distinto, con educación y modo de enseñanza distinta, actuará de modo contrario a la visión y creencia del adverso".

Con este texto contesto la inquietud que muchas personas han tenido a través de su caminar.

Por ejemplo: ¿Por qué tenemos una diversidad de religiones, trabajos, familias, clases sociales, y personas con distintas metas, deseos y objetivos?

Respuesta: Somos seres diferentes. Pero la diferencia para hacer o lograr cambios consiste en el siguiente comentario:

"Son los líderes quienes crean cambios, sus seguidores actúan y transmiten el mensaje".

Esto aplica toda clase de líderes: pastores y miembros de la iglesia, padres e hijos, gobiernos y habitantes, **_este libro y usted_**.

Anejos

Anejo I: Plan de 5 años

Plan = Metas y objetivos

El plan que va a realizar servirá como recurso para que pueda tener una visión de la dirección que va a tomar, el camino a recorrer para lograr el triunfo de lo deseado. Este plan deberá ser realizado con los recursos a su disposición. El objetivo de este plan es crear un desarrollo saludable, mediante una buena calidad de vida que le permitirá experimentar satisfacción personal. Es necesario implementar un balance en los diferentes aspectos emocionales que van acompañados de las *actividades sociales, familiares, espirituales, recreacionales y laborales.*

Cuando se logra un *balance en la vida,* podemos disfrutar de lo que deseamos y todo lo que Dios creó para nuestro deleite. Antes de empezar con un plan, primero tenemos que trabajar las áreas recomendadas para poder gozar de un buen *estado físico, mental y emocional*, esto le permitirá dar fruto. Si deseamos una **vida llena de éxitos** debemos enfocarnos en las herramientas que necesitamos.

Por ejemplo: Es necesario fortalecer las siguientes áreas: *bienestar físico, mental y emocional.*

Para poder sentirnos satisfechos ante el bienestar físico y mental es sumamente importante mantener un **balance de vida**. A continuación, le muestro una fórmula para obtener el éxito en la vida.

Formulas:

Éxito en la vida = emociones de satisfacción según su deseo personal.

Balance de vida = Lograr un estado balanceado en los siguientes aspectos: laboral, personal, económico, social, familiar, espiritual y recreacional.

Éxito en la vida + *Balance de Vida* = **Bienestar físico, mental y emocional**

El resultado de un *balance de vida* más la obtención de *éxito en la vida* reflejará un buen *estado físico, mental y emocional*. Por lo tanto, si aplicamos estas fórmulas podremos obtener una vida llena de éxitos. A continuación, una guía para emprender su viaje hacia el éxito.

La siguiente tabla provee un diseño de cómo desarrollar su plan. Es recomendable aplicar este plan durante los **próximos 5 años.**

- *Si tiene pareja e hijos deben de estar todos alineados con el plan.*

Tabla 3: *Balance de vida para lograr el éxito personal.*

Balance de Vida	Fecha de inicio	Meta y objetivos	Recursos necesarios	Tiempo a tomar	Fecha de logro	Resultados Esperados
Laboral						
Personal						
Económico						
Social						
Familiar						
Espiritual						
Recreacional						

Procedimiento a seguir:

En el **ámbito laboral** deberá exponer las metas deseadas a nivel profesional: un trabajo, un puesto laboral, producción, resultados, etc.

En el **ámbito personal** deberá establecer sus metas en relación a lo deseado: educación, áreas técnicas, conocimiento, imagen, cuerpo, salud, etc.

En el **ámbito económico** deberá exponer cuáles son sus planes en cuanto al dinero: ahorro, inversiones, saldo de deudas, métodos para economizar, etc.

En el **ámbito social** deberá plasmar sus metas deseadas en cuanto la relación social: amigos, vecinos, conocidos, etc.

En **el ámbito familiar** deberá exponer sus metas familiares basadas en la relación o deseos con: padres, hijos, hermanos, abuelos, tíos, sobrinos, primos, etc.

En el **ámbito espiritual** puede desarrollar sus metas conectando a lo espiritual: oración, ayuno, perseverancia, lectura bíblica, iglesia, tiempo para meditar, etc.

En el **ámbito recreacional** deberá establecer sus metas según sus aspiraciones: viajes, ejercicio, juegos, deportes, etc.

Cada sección de este plan deberá realizarse de una forma detallada, según cada una de sus metas, objetivos, deseos y aspiraciones. También, se debe presentar o remarcar cual será el camino a seguir en cada sección. Esto le ayudará a tener una visión para hacer frente a las situaciones u obstáculos que se deben considerar para alcanzar la meta. Por supuesto, puede tomar en consideración los ejemplos presentados en este libro.

La fecha de comienzo de este plan dará inicio a la meta y la fecha de culminación sentará la base para que pueda lograr lo prometido. El resultado final será lo que le llenará de éxito y satisfacción por el logro obtenido y esto provocará un balance en la vida.

No olvide hacer un plan de preparación para anticipar hechos futuros o emergencias. A este plan lo puede llamar: **_Plan preventivo de necesidades de impacto económico._** Ejemplos: pérdida de un trabajo, incapacidad, muerte, fenómenos atmosféricos, cambios gubernamentales, etc.

Recomendación: Tome tiempo con su familia para hacer el Plan a 5 años. Todos en la familia deben estar de acuerdo y alineados con la meta. Encomiende a Dios sus decisiones para que pueda obtener sabiduría de lo alto y proponerse las metas correctas.

Es recomendable que sea una persona positiva y firme. Si es una persona que tiene grandes aspiraciones es posible que estas se cumplan acorde a lo proyectado en su mente.

Por ejemplo: Si piensa en grande, recibirá en grande.

Por consiguiente, decida aplicar la técnica de la enseñanza de la **_siembra y el cultivo._**

"Lo que se siembra en la mente se transmite al mundo físico".

Por lo tanto, sea prudente, organice su espacio, tome su tiempo, piense y analice qué semillas puede sembrar y dónde. Si decide sembrar le aseguro que cultivará, según el fruto de cada semilla. Le recomiendo que siembre amor, confianza, seguridad, aliento, paz, éxito, sabiduría, y muchas bendiciones. Como resultado de esto se espera que le sea devuelto todo lo que ofrece.

Las siguientes alternativas pueden darle ideas para dar comienzo a desarrollar su plan de 5 años.

- Levántese temprano, estire y haga ejercicios. Luego desayune para que pueda comenzar un día lleno de positivismo, motivación y energía. Programe su horario, según las tareas que deba realizar.
- Pregúntese: ¿Qué cosas me gustan o me apasionan? ¿En qué soy bueno? ¿Qué talentos tengo? ¿Cómo puedo cambiar mi visión, mi rumbo o camino para realizar lo que anhelo? ¿Qué es lo que necesita el mundo que a la vez provoque un cambio positivo y perdurable? ¿Qué es lo que me hace feliz? ¿Qué es lo que amo?

Luego de analizar, escriba estas preguntas en un papel para que pueda contestar las peticiones que anhela tu corazón. Encontrará que las respuestas hacia estas preguntas son el reflejo de su verdadera personalidad. Empiece a desarrollar su plan según las respuestas hacia sus metas. Por lo tanto, si realiza su plan de iniciativa proyectando su personalidad en todo lo que realice descubrirá su estado de confianza, placer y conformidad.

Cree una visión de donde se verá dentro de cinco años. Luego de que pasen los cinco años podrá comparar dónde estaba, hacia dónde se ha dirigido y a dónde ha llegado. Si ha logrado cumplir la meta sentirá lo que es el éxito en la vida. Será una persona de más confianza, disciplina y experiencia para inspirar a otros.

Anejo II
Retenga su dinero

Preguntas:

¿**Cuánto** se gasta en el cuerpo si no lo cuida?

Por ejemplo: obesidad, cuidado de la piel, la dentadura, estrés, ansiedad, depresión, productos farmacéuticos.

¿**Cuánto** cuesta el cuidado de un auto, una casa o un celular si no lo cuidas?

¿**Cuánto** dinero gasta si maneja un auto y tiene un accidente por estar contestando un mensaje de texto?

¿**Cuánto** le puede costar no tomar las debidas precauciones o medidas necesarias para evitar que su dinero se consuma cuando lo puedes retener?

Todo esto le cuesta dinero. Hasta la pérdida de control de su carácter le puede traer consecuencias donde tenga que invertir en abogados o en consultores defensores. También el estrés, tras la esclavitud financiera, genera dolor. **El dolor** es sinónimo de dinero.

Le recomiendo que planifique, por ejemplo, si cada diez años va a hacer cambio de muebles, auto, remodelaciones de casa, compras o inversiones.

También le recomiendo que invierta en cosas de valor y que sean negociables, en caso de un evento de necesidad de impacto económico. Estos productos o cosas de valor son aquellas que le pueden salvar cuando necesite conseguir dinero. Algunas de estas pueden ser artículos de la casa.

Trate de desarrollar la visión para realizar tareas que promuevan el dinero.

Por ejemplo: manualidades o talentos. De esta manera le pagarán por los servicios realizados. *¡Sáquele provecho a su talento!* No deje que otros se beneficien, obtenga ganancias de estos.

También le recomiendo que haga una tabla de gastos y ahorros mensuales, tomando en consideración el ejemplo de la **Tabla 1**. *Plan Financiero familiar*.

Plan Financiero Familiar

Balance del mes anterior es: _____
Salarios de ingresos: _____

Tabla 1: *Dinero comprometido vs dinero no comprometido*

Dinero Comprometido	Dinero ($)	Dinero No comprometido	Dinero ($)
Ahorros		Alimentos	
Plan de emergencias		Gasolina y peajes	
Hipoteca o vivienda		Restaurantes	
Vehículo		Educación	
Servicio de agua		Recreación	
Servicio de luz		Barbería o Salón de belleza	
Servicio de celular		Actividades	
Internet		Compras	
Programas de televisión		Padres	
Seguros		Otros gastos	
Iglesia			
Inversiones			
Total		**Total**	

Dinero comprometido_____ + Dinero no comprometido_____ = **Total de gastos** = _____.

**Ingreso generado del mes − Total de gastos =
Balance =_____.**

Balance para el próximo mes debería ser:

Balance + Ingreso generado del mes =_____.

Este ejercicio debe ser realizado mensualmente en una libreta o computadora para que puedan ver dónde se ha invertido el dinero. Para lograr resultados efectivos, toda la familia deberá estar incluida y comprometida hacia este plan financiero.

El éxito depende de ti

Las cosas que logras en la vida son el resultado de lo que una vez comenzaste. Tu valentía, fortaleza, e iniciativa hacia el éxito logrado será lo que le llenará de orgullo, felicidad, paz, tranquilidad, estabilidad, confianza, seguridad, poder, prestigio, progreso y sentido de satisfacción personal. Una vez logre todo esto será una persona llena de energía positiva, la cual transmitirá a los demás.

Por lo tanto, empiece a caminar para juntos poder hacer la diferencia. Espero profundamente que las herramientas provistas en este libro le hayan servido de dirección para el comienzo de una nueva vida. Recuerde que el tiempo pasa y el mundo evoluciona. Si usted es parte del mundo, también tiene que evolucionar. Por consiguiente, si realiza un plan enfocado sus metas y objetivos hacia la prosperidad, el enriquecimiento físico, mental y espiritual, recibirá, descubrirá y podrá decir:

"¡Un cambio de mentalidad es la clave del éxito!"

Biografía

¿Quién es el Dr. Vicente Quintana?

Luego de usted haber leído este libro podrá decir que conoce un poco sobre mi vida y en quien me he convertido a base de esfuerzo y disciplina. Quien me conozca, ciertamente podrá describirme como una persona exitosa, pero no conoce todos los sacrificios que atravesé para obtener los triunfos. Me considero una persona decidida y realizada. Mi deseo es que usted también pueda gozar y disfrutar del éxito.

A pesar de las difíciles experiencias que viví en mi niñez y adolescencia me he transformado en alguien con actitud positiva, decidida en mi forma de actuar, con una agradable manera de ser. Por mis logros obtenidos me considero una próspero, sé dónde he llegado y hacia dónde me dirijo. Me siento muy orgulloso de las metas que he podido alcanzar.

Por lo tanto, creo que quien decida conducirse hacia el triunfo lo puede lograr. Por supuesto, mis experiencias vividas, el conocimiento y destrezas desarrolladas me han permitido tener una visión de cuál sería el método a proseguir para evitar fracasar.

A pesar de haber obtenido el grado de Educación Doctoral, también conseguí tener firmeza en mis convicciones y confianza en mí. Como cualquier otra persona, tengo mis puntos débiles y fuertes, pero acentúo y aprovecho al máximo mis características positivas. Por ende, la calidad de mi rendimiento significa mucho para mí; sin embargo, cuando estoy satisfecho por haber realizado algo bueno, no presumo de lo que tengo, mantengo siempre mi humildad de lo que Dios me ha permitido vivir. Pienso a menudo en las metas que me he fijado y constantemente estoy haciendo planes y trabajando sobre ellos para alcanzarlos. Soy disciplinado, siempre tomo la iniciativa, soy un hombre de acción.

Las interferencias triviales no me perturban, soy flexible y no permito que me desanimen las adversidades de la vida. El pasado me sirve de lección, para aprender a afrontar los problemas del futuro. No espero hasta mañana, pues para mí, el momento de actuar es ahora, porque sé que cada segundo cuenta. A través de este libro comparto parte de mi talento y éxitos para expresar el producto de mi arduo trabajo. Después de todo, mi deseo de triunfar me ha llevado al resultado de esta gran obra:

¡Un cambio de mentalidad es la clave del éxito!

Made in the USA
San Bernardino, CA
05 February 2019